東京
聰明玩法
0元
攻略

無料

U0048562

MOOK

目錄

本書所提供的各項可能變動性資訊,如交通、時間、價格、地址、電話或網址,係以2023年12月前所收集的為準;但此類訊息經常異動,正確內容請以當地即時標示的資訊為主。
如果你在旅行中發現資訊已更動,或是有任何內文或地圖需要修正的地方,歡迎隨時指正和批評。你可以透過下列方式告訴我們:
寫信:台北市104中山區民生東路二段141號9樓MOOK編輯部收
傳真:02-25007796
E-mail:mook_service@hmg.com.tw

小編推薦

FREE 1

想省錢就趁特定假日！
綠之日 · 都民之日

每年的5月4日被定為「綠之日」，10月1日為「東京都民之日」，每年固定在這幾天，由東京都所管理的庭園、美術館、動植物園等20處設施都免費開放參觀，各處還有免費的文化活動，不只限東京都民，不管是誰都能免費參加！另外，5月18日的「國際博物館日」、11月3日「文化之日」等，許多博物館、美術館也會免費開放，別忘了事先確認！

＊庭園＊

舊岩崎邸庭園

FREE 5/4 10/1 ⌂台東區池之端1-3-45 ▽9:00~17:00 ㊡12/29~1/1 ¥400

三菱集團創始人的豪邸舊岩崎邸庭園就位在上野邊緣，是最早洋式草坪與日式庭院結合的典範。現存面積為當年的三分之一，建築部分也僅留洋館、和館、撞球室三棟。康德(Josiah Conder)在1896年設計而建的歐式宅邸，與洋館相結合的和館以書院風格為基調的純日式建造，另外撞球室則帶著瑞士小屋風格，在當時極其少見。

濱離宮恩賜庭園

FREE 5/4 10/1 ⌂中央區浜離宮庭園1-1 ▽9:00~17:00 ㊡12/29~1/1 ¥300

江戶庭園濱離宮的「潮入池」引入東京灣海水，所以中間建有水閘以調整池中海水的高度，而稱為「潮入之庭」。園內花木扶疏，每年春天一到，白色的櫻花沿著池畔陸續綻放，是東都內鬧中取靜的賞櫻去處，將濱離宮妝點成一片絢麗的花海，吸引無數遊人前來觀賞。

清澄庭園

FREE 5/4 10/1 ⌂江東區清澄3-3-9 ▽9:00~17:00 ㊡12/29~1/1 150

清澄庭園中心是座大池子，周圍巨木環繞，日式庭石造景與假山構成恬靜日式風情。清澄庭園的回遊池吸引許多水鳥來此休息覓食，也是東京都內許多人休閒、賞鳥的名所。另外這裡也是東京賞櫻花的名所，冬季不定期舉行夜間點燈活動，是體驗日式庭園風情的好去處。

另外還有

舊芝離宮恩賜庭園
FREE 5/4 10/1 ⌂港區海岸1-4-1 ▽9:00~17:00 ㊡12/29~1/1 ¥150

舊古河庭園
FREE 5/4 10/1 ⌂北區西ヶ原1-27-39 ▽9:00~17:00 ㊡12/29~1/1 ¥150

六義園
FREE 5/4 10/1 ⌂文京區本駒込6-16-3 ▽9:00~17:00 ㊡12/29~1/1 ¥300

小石川後楽園
FREE 5/4 10/1 ⌂文京區後楽1-6-6 ▽9:00~17:00 ㊡12/29~1/1 ¥300

向島百花園
FREE 5/4 10/1 ⌂墨田區東向島3-18-3 ▽9:00~17:00 ㊡12/29~1/3 ¥150

殿ヶ谷戸庭園
FREE 5/4 10/1 ⌂国分寺市南町2-16 ▽9:00~17:00 ㊡12/29~1/1 ¥150

新宿御苑
FREE 5/4 ⌂新宿區內藤町11 ▽9:00~16:30 ㊡週一(遇假日順延)、12/29~1/3 ¥500

✳ 動物園 ✳

恩賜上野動物園
FREE 3/20 5/4 10/1 ⌂台東區上野公園9-83 ⏷9:30~17:00 ㊡週一(遇假日順延)，12/29~1/1 ¥大人600，小學生以下免費

另外還有

井の頭自然文化園
FREE 5/4 5/17 10/1 ⌂武藏野市御殿山1-17-6 ⏷9:00~17:00 ㊡週一(遇假日順延)，12/29~1/1 ¥400，小學生以下免費

葛西臨海水族園
FREE 5/4 10/1 10/11 ⌂江戶川區臨海町6-2-3 ⏷9:30~17:00 ㊡週三(遇假日順延)，12/29~1/1 ¥700，小學生以下免費

多摩動物公園
FREE 5/4 5/5 10/1 ⌂日野市程久保7-1-1 ⏷9:30~17:00 ㊡週三(遇假日順延)，12月29日~1月1日 ¥600，小學生以下免費

東京港野鳥公園
FREE 10/1 ⌂大田區東海3-1 ⏷9:00~17:00，11至1/1 9:00~16:30 ㊡週一(遇假日順延) ¥300，小學生以下免費

✳ 博物館 ✳

東京國立博物館
FREE 5/18 ⌂台東區上野公園13-9 ⏷9:30~17:00 ㊡週一(遇假日順延)，12/24~1/2 ¥常設展¥1000

擁有本館、東洋館、表慶館、平成館與法隆寺寶物館等5個分館，是上野公園內佔地最大，也是日本歷史最悠久的博物館。館內收藏品以藝術和考古文物為主，更多的是日本美術，可以展示了解日本的藝術甚至是文化脈絡。

另外還有

國立科學博物館
FREE 5/18 11/3 ⌂台東區上野公園7-20 ⏷9:00~17:00 ㊡週一(遇假日順延)，12/28~1/1 ¥630，高中生以下免費

✳ 植物園 ✳

神代植物公園
FREE 5/4 10/1 ⌂調布市深大寺元町5-31-10 ⏷9:30~17:00 ㊡週一(遇假日順延)，12/29~1/1 ¥500

另外還有

夢の島熱帯植物館
FREE 5/4 10/1 ⌂江東區夢の島2-1-2 ⏷9:30~17:00 ㊡週一(遇假日順延)，12/29~1/3 ¥250

✳ 美術館 ✳

東京都寫真美術館
FREE 10/1 ⌂目黑區三田1-13-3 惠比寿花園廣場內 ⏷10:00~18:00、週四~五10:00~20:00 ㊡週一(遇假日順延) ¥依展覽而異

從B1~4F共有5個樓面，依展覽有不同的門票，4F的圖書室、2F和1F的咖啡館及商店不需入場費。

另外還有

江戶東京たてもの園
FREE 1/2~3 3/28 10/1 ⌂小金井市桜町3-7-1 ⏷9:30~17:30，10至3月9:30~16:30 ㊡週一(遇假日順延)，12/25~1/1 ¥400，小學生以下免費

東京都美術館
FREE 10/1 ⌂台東區上野公園8-36 ⏷9:30~17:30 ㊡每月第1、第3個週一(遇假日順延) ¥依展覽而異

國立西洋美術館
FREE 5/18 11/3 每月第二個週日 ⌂台東區上野公園7-7 ⏷9:30~17:30，週五~六9:30~20:00 ㊡週一(遇假日順延)，12/28~1/1 ¥常設展¥500

東京國立近代美術館
FREE 5/18 11/3 ⌂千代田區北の丸公園3-1 ⏷10:00~17:00，週五~六10:00~20:00 ㊡週一(遇假日順延)，12/29~1/1 ¥所藏作品展¥500

小編推薦 FREE 2

每到冬天最期待天黑～
夜間點燈

冬季，是點燈的季節。當城市的顏色由濃綠轉為淡黃後，美麗的燈飾也悄悄躍上枝頭，為來得早的夜色添加璀璨光芒。大約從11月開始，到隔年的2月，4個月的時間內有許多大大小小的點燈活動，許多百貨商場、地標景點都會配合聖誕節舉行活動。黑暗中亮起暖暖的燈色，無數小小閃光組成大大夢想，美麗的景色映入眼瞳，也帶出每個人的歡笑。

丸之內Illumination

FREE ⚲千代田區丸の内2-4-1 丸之內仲通 ⌄
約每年11月中~2月中旬，15:00~23:00

東京車站、丸之內仲通一帶，每到冬季點燈活動繽紛熱鬧，大手筆鋪陳的豪華燈飾與布置讓人嘆為觀止，烘托出首都圈的耶誕嘉年華氣勢。耶誕節前後，丸之內仲通兩旁的行道樹纏繞著橘紅色的耶誕燈泡，100萬顆LED燈火催化出美麗的節慶氣氛，讓寒冬瞬間溫暖起來。

Caretta Illumination

FREE ⚲港區東新橋1-8-2 Caretta汐留B2 ⌄
約每年11月中~2月中旬，17:00~23:00

昔日曾是海洋的汐留地區，彷彿還留有淡淡潮香，每年耶誕節期間在Caretta汐留前廣場上舉辦的caretta illumination就像當年湧上汐留的美麗潮汐。在優美的音樂中，宛若海浪層層捲來的LED花朵散發著紫色、藍色與銀白色的光暈，就像是幻想中的海世界，海浪中心還有一座祈願鐘塔，讓遊客敲下鐘聲許願。

另外還有

東京巨蛋城
WINTER ILLUMINATION

FREE ⚲文京區後樂1-3-61東京巨蛋城
⌄約每年11月中~2月底，17:00~24:00
由東京巨蛋城舉辦的耶誕點燈，鮮亮的燈飾蔓延整個城區，多彩的耶誕樹更是吸引人們拍照的景點。

新宿
Eastside Square Illumination

FREE ⚲新宿區新宿6-27-30新宿Eastside Square
⌄約每年11月底~2月中，17:00~24:00
7萬多個LED燈泡點亮冬夜空間，尤其是大階梯上的點點光輝，更是讓通勤族也能感受到濃厚的耶誕氣息。

六本木之丘
Artelligent Christmas

FREE ⌖港區六本木6六本木之丘 ◷約每年11月中~耶誕節

每到11月到耶誕節期間，六本木就化身為光之國度，六本木之丘在街道兩旁櫸木林道點上了約110萬顆的燈泡，華麗耀眼地宛若通往宇宙的銀色天梯，與盡頭的東京鐵塔夜景遙遙呼應，華麗的氛圍讓人心醉。此外，圍繞著六本木Hills森大廈旁的66廣場與毛利庭園，也有繽紛的耶誕景色。

東京晴空塔城
Dream Christmas

FREE ⌖墨田區押上1–1–2 東京晴空塔城 ◷約每年11月中~耶誕節

以被閃亮星光照耀為主題，晴空塔城在冬季的耶誕點燈具有指標性的意義。以高6.34公尺的花之耶誕樹為中心，種滿鮮花的廣場點起50萬個LED燈，十分夢幻。晴空塔本身也會在期間點上限定燈光，巨大蠟燭不但照亮城市，也為人們帶來溫暖希望。

Baccarat
ETERNAL LIGHTS

FREE ⌖渋谷區惠比寿4-20 惠比寿花園廣場 ◷約每年11月初~1月初

齊聚購物、餐廳、博物館的惠比寿花園廣場，本身就是深受戀人歡迎的浪漫約會地，在11月至1月間，廣場內點上了燈光，裡頭還展出了高8.4公尺的Baccarat水晶燈。使用8226顆水晶與250顆燈泡，號稱是世界上最大的水晶吊燈，當燈光亮起，其優雅婉約的氣質讓人為之心折。

Midtown‧
Christmas

FREE ⌖港區赤坂9-7-1 東京中城 ◷約每年11月中~12月底

東京中城最有名的就是上演於2000公尺寬草坪上的「Starlight Garden」，宛如在太空中漫步般迷幻。

台場
Illumination YAKEI

FREE ⌖港區台場1-6-1 DECKS Tokyo Beach 3F ◷全年無休，約日落~24:00

22萬個LED燈打造台場美景，閃耀著七彩雷射光圈的巨大摩天輪、輝煌的跨海彩虹大橋與點點燈光流轉的東京灣景。

東京鐵塔
Winter Fantasy

FREE ⌖港區芝公園4-2-8東京鐵塔正面玄關 ◷約每年11月底~耶誕節

已經舉辦多年的東京鐵塔耶誕燈飾，在鐵塔1樓正面玄關前也會佈置耶誕樹與燈飾，節慶氣息濃厚。

注意事項：活動內容、起始日期、燈光效果與點燈數量等會受天候影響與其他因素做調整，一切以當日活動主辦單位之最新消息為準，可上網查詢。各景區之照片為例年影像參考，每年燈光效果與主題會有所變化與調整。

東京雙塔定番風景

晴空塔 ‧ 東京鐵塔

曾幾何時，開始習慣在從成田機場進入東京市區時，尋找晴空塔的身影。晴天的時候，雪白的塔身配上藍天與陽光，最是清晰不過；陰雨天時，塔頂高高的隱沒雲裡，彷彿傑克的豌豆藤，通往未知的雲上國度。而東京人的心裡，最經典的莫過於鐵紅色的東京鐵塔，在白天、在夜裡，一同尋找東京天際線，來趟小小的東京天空旅行吧！

＊ 晴空塔風景 ＊

源森橋

FREE 🚇從淺草側渡過吾妻橋，至三ツ目通左轉即達

晴空塔一側就是小小的運河，幾個有橋的地方，都成為拍照名點。源森橋臨近是船隻停泊場和JR車站，晴空塔和急駛的下方列車，河道上的棚船彷彿是此地舊生活的倒影，畫面充滿新舊相遇的趣味。

押上天祖神社

FREE 🚇地下鐵押上駅B2出口即達

在住宅區中、被幾株銀杏老樹圍繞的押上天祖神社。晴空塔的高度，正好越過了不高的舊公寓，在神社鳥居的後方探出頭來，守護神社的古老狛犬彷彿正仰望天空，也仰望著超越時代的未來高塔。

都電荒川線

FREE 🚇荒川線荒川区役所前駅，一旁的平交道即可拍攝

奔馳在東京街頭、綠色與米色相間的復古路面電車殘留著昭和氣息，自從劃時代的晴空塔建成後，都電荒川線電車與巨大晴空塔同框的畫面，成為東京都內新舊交融的最佳代言風景。

吾妻橋

FREE 🚇地下鐵淺草駅1出口往回走即達

晴空塔和很有特色的ASAHI大樓並列河對岸，大樓腳邊是繁忙的高架大路，上頭是無盡藍天，下面大小船隻不時穿梭經過的隅田川。春天襯著河堤上隅田公園一大片的粉嫩春櫻，更是浪漫美麗的季節風物詩。

✲ 東京鐵塔風景 ✲

六本木之丘

FREE 🚇地下鐵六本木駅、麻布十番駅徒步約1~5分

2003年經過大規模再開發計畫後,誕生了全新打造的城中城——六本木之丘,從六本木之丘看到的東京鐵塔,兩側大樓、櫸木高聳,路盡頭的東京鐵塔像是在向旅人招手般,引人朝著她前行。

芝公園

FREE 🚇地下鐵芝公園駅、御成門駅、大門駅、赤羽橋駅徒步約2~5分

芝公園綠地圍繞著增上寺,佔地面積廣大,分散園內的景點如芝丸山古墳、古墳小丘附近的古老梅園「銀世界」和山丘上200餘株櫻花等也小有可觀之處。境內隨處轉角便能遇到東京鐵塔,是取景拍照的最佳場所。

增上寺

FREE 🚇地下鐵御成門駅徒步3分,大門駅徒步7分

增上寺代表的是江戶時代德川幕府的輝煌歷史,雖然明治時代廢佛運動中,大部分的建築物都被燒毀,只有入口處的木造大樓門「三解脫門」殘存江戶時代輝煌的影子,如今旅人來此追尋的,是其與東京鐵塔同框的美麗景色。

台場海濱公園

FREE 🚃百合海鷗號お台場海浜公園駅即達

由台場拍攝的東京鐵塔,雖然看起來小小的,但海天一色的港都風景與彩虹大橋一同入鏡,尤其是黃昏景色炫目,成為旅人心中深刻的城市美景。若走上彩虹大橋的步道,更能用另一角度欣賞。

小編推薦 FREE 4

都市叢林的高空綠意
百貨屋上庭園

作為小說場景的百貨「屋上」，仍是東京人休憩的祕密角落，享受百貨屋頂庭園最美好的方式，莫過於在逛街疲憊的時候，前往位於地下樓層的百貨美食區，挑選一個豪華的日式便當、誘人的甜點或是配色繽紛的各式熟食、沙拉，然後在頂樓找個位置，在高樓和陽光、花園的懷抱中，享受一段充滿放鬆的東京日和時光。

KITTE GARDEN

FREE ⌂千代田區丸之內2-7-2 KITTE 6F
🕐11:00~23:00 ⊕禁止飲食

KITTE與東京車站隔街而立，在這裡可由上至下眺望東京車站屋頂部分錯落有致且精美優雅的結構各部，還可以捕捉到列車進出站的畫面。白天庭園綠意給人度假的悠閒感受，晚上夜色與燈光營造出的神祕感，氣氛甚是浪漫。

Omohara Forest

FREE ⌂渋谷區神宮前4-30-3 東急PLAZA 表參道原宿6F 🕐8:30~22:00

以明治神宮的美麗森林和表參道的櫸木為發想，東急PLAZA 表參道原宿在屋頂種植了一片擁抱天空的櫸木森林「おもはらの森」，除此之外在3、5、7樓的露台和中央天井，讓自然光線和舒適綠意能夠流瀉而入，氣氛溫暖。

The Garden

FREE ⌂豐島區南池袋1-28-1西武百貨9F
🕐10:00~20:00

以印象派畫家莫內的「睡蓮」為庭園設計亮點，橫跨西武百貨北館、本館9樓頂樓並串聯南館LOFT的10樓入口，分成觀賞魚中心、園藝中心、自由座位區、餐廳點餐區、莫內花園，是依四季變化面貌的頂樓花園。

KIRIKO TERRACE

FREE ⌂ 中央區銀座5-2-1東
急PLAZA銀座RF ⌄
11:00~23:00

穿過商場11樓的美食街、再搭
電扶梯就可來到頂樓。廣闊的
頂樓戶外空間設有許多免費座
椅外,有令人印象深刻的美麗
植牆環繞、水池造景休憩區,
透過玻璃圍牆還可散步欣賞銀
座街景。

i garden

FREE ⌂ 新宿區新宿3-14-1
伊勢丹百貨RF ⌄
10:00~19:00

i garden依照季節栽種了不同
的林木,將日本人獨有的季節
感凝縮在屋頂空間中,同時些
微起伏和走道、座椅的設計,
也做出空間的區隔,讓不同甚
至單獨的客人,都能在不被打
擾的情況下偷閒片刻。

Forest Garden

FREE ⌂ 世田谷區玉川3-17-1
玉川高島屋S‧C RF ⌄
10:00~20:00

位在玉川高島屋本館頂樓,在
1969年開幕時便引領潮流,開放
一片綠意給民眾自由利用。庭園
裡種滿各式花草,季節對了,還
有可能看到的葡萄在連接南館
的空中步道上結實累累,另外,
玫瑰更是一大代表景色。

GINZA SIX GARDEN

FREE ⌂ 中央區銀座6-10-1 GINZA SIX 13F
⊙7:00~23:00

這裡是銀座區域最大的頂樓花園,位居13樓頂樓
視野遼闊外,設有許多免費休憩區,還有玩水區讓
小小孩都超開心。GINZA SIX公共空間由谷口吉生
操刀,加上Teamlab設計的LED瀑布牆以及草間彌
生的作品,十分精彩。

NEWoMan屋上庭園

FREE ⌂ 新宿區新宿4-1-6 NEWoMan
⊙約11:00~22:00

與新宿站直結的NEWoMan複合式大樓商場,設
有1樓遊步道、3、4、6、7樓屋上庭園,各有不同
空間視覺樂趣。3樓可以看到城市高樓大廈與火
車的往返景象;4、6、7樓則是看新宿高樓群的幽
靜秘密基地。

FREE 5

參加東京人的熱鬧盛會

活力祭典

東京, 舊稱江戶, 今天的東京仍然延續著許多江戶時期傳承沿襲下來的許多技藝與精神, 東京的祭典就是記錄著這些江戶人的軌跡, 代代相傳。繁華熱鬧的城市在祭典期間讓江戶的活力情緒熱情展現, 不管是宗教儀式或是熱鬧的花火大會, 都讓人看到不一樣的東京活力。

隅田川花火大會

FREE ⊚台東區、墨田區
⊙7月的最後一個週六

悠悠流貫東京都的隅田川, 為現代感十足的東京增添了幾分懷舊情懷, 而每年夏天在隅田川舉辦的花火大會更吸引百萬人前往觀賞。動輒2萬多發的燦爛煙火, 將東京的夜空妝點得五光十色, 每年還會推出新的煙火花樣, 讓長達1小時30分鐘的煙火大會更加有看頭。

深川八幡祭

FREE ⊚江東區富岡1-20-3 富岡八幡宮
⊙8月15日前後包含週末的數日間(三年一次)

1627年創立的富岡八幡宮是江戶最大的八幡宮, 其例大祭是江戶三大祭之一, 三年一次, 祭典時50台神輿一同出動, 相互競爭, 在眾人熱力吆喝聲中, 場面盛大且迫力十足, 目前社內還有二座日本最大的黃金神輿展示, 若非祭典期間也可以參觀。

8月的盂蘭盆舞祭

築地本願寺納涼盂蘭盆舞大會
FREE ⊚中央區築地3-15-1築地本願寺
⊙8月上旬

大江戶祭盂蘭盆舞大會
FREE ⊚中央區日本橋濱町2-59-1濱町公園
⊙8月下旬

日比谷公園丸之內音頭大盂蘭盆舞大會
FREE ⊚千代田區日比谷公園1 日比谷公園噴水廣場
⊙8月下旬

注意事項：祭典活動內容、起始日期等會受天候影響與其他因素做調整, 一切以當日活動主辦單位之最新消息為準, 可上網查詢。各祭典之照片為例年影像參考, 每年可能會有所變化與調整。

神田祭

FREE ⏺千代田區外神田2-16-2 神田明神
🕐5月上旬，每年舉行日期略有不同

為期6天左右的神田祭是江戶三大祭之一，舉辦時總是場面盛大，尤其是在神田、日本橋、大手町、丸之內、秋葉原一帶抬轎巡遊的「神幸祭」，與地方各區超過100座轎子抬入神社內參拜的「神輿宮入」舉行的這兩天，聚集海內外的眾多遊客，爭相一睹風采。

目黑秋刀魚祭

FREE ⏺目黑區目黑商店街
🕐10月中旬，每年舉行日期略有不同

每當秋刀魚肚子肥了，便是秋天到來的時節。江戶人熱愛秋刀魚，連吃慣美食的將軍都為之食指大動。目黑商店街為了振興地域，1995年起，每年秋天在目黑區舉辦秋刀魚祭，眾多火爐一字排開，碳火燒烤的秋刀魚香氣逼人，重點是每個人可以免費品嚐，總是吸引大批饕客前來。

三社祭

FREE ⏺台東區淺草2-3-1 淺草神社 🕐5月下旬，每年舉行日期、時間略有不同，首日13:00~15:30，次日10:00~15:00，三日6:00~20:00

淺草寺內一隅有座淺草神社，裡頭供奉的正是當年打撈到觀音像的兄弟及辨識出神像珍貴之人，因為有三位神祇，淺草神社也被稱為「三社大人」，其祭典就是三社祭。為期三天的祭典有超過100架神轎繞境，另外也有被列為無形文化財的「びんざさら舞」（編木舞）演出，祈求豐收繁盛。

高圓寺阿波舞大會

FREE ⏺杉並區高円寺商店街
🕐8月最後一個週末

已舉辦超過60屆的高圓寺阿波舞大會，是相當具有人氣的夏日祭典，每年約吸引120萬人次共襄盛舉，還有約150連（隊伍之意）、近一萬名的舞者在街道上熱力勁舞，熱鬧歡慶的氣氛渲染全場，也為高圓寺沒落的商店街帶來滿滿活力。

藝術金三角
六本木藝術大街

2003年六本木之丘誕生，帶領六本木走向高格調與精緻化的新風格。2007年，東京中城在新一波造鎮計畫中成立、2014年虎之門之丘的開幕，更以六本木深厚的文化底蘊作為基礎，著眼藝術、設計、時尚與品味，使得這一帶成為日本設計潮流的最新發祥地。戶外周邊設置許多現代藝術，可千萬別錯過了。

＊ 六本木之丘 ＊

「Maman」／Louise Bourgeois

蜘蛛的巢有象徵網路(Web)的意思，而六本木Hills就恰恰位在東京交通樞紐山手線的中央地區，蜘蛛正代表著六本木Hills為城市網路的中心點，來自世界各方的人在此匯集與交流。

「Kin no Kokoro」／Jean-Michel Othoniel

坐落在毛利庭園中的一座「黃金之心」，是為紀念六本木Hills及森美術館10週年而設計。使用金箔打造而成的愛心形狀，在滿滿綠意的庭園中相當醒目。

「Rose」／Isa Genzken

66廣場上的薔薇彷彿愛與美的象徵，盈盈而立於森大廈旁，豔紅的花朵含苞待放，纖細優雅的枝葉平衡地伸展著，到了夜晚還會打上燈光，更顯景色浪漫動人。

「機器人機器人機器人」／崔正化

韓國空間設計師崔正化將其童心轉化在這座以「機器人」為題材的兒童遊樂場上，有機器人頭造成的積木柱子，也有彷彿零件般的彩色溜滑梯。

＊ 虎之門之丘 ＊

Roots／Jaume Plensa

由日文、中文、阿拉伯文、希伯來文、拉丁文、希臘文、印度文、俄文八種文字構成一個抱膝坐地的人形，象徵「超越各種文化差異，人類和平共存」的意義。

あたらしい水 Floating colors／內海聖史

5幅同樣大小的巨幅油彩畫一字排開，拼起全長27公尺的畫作，以不同變化的綠色為底，上頭塗上多種色彩，展現出日本四季的顏色。

「意心歸」／安田侃

位於B1，經過數十億年的地球光景所孕育出來的堅硬白色大理石，流暢的線條與明暗交錯的陰陽意象，讓人幾乎可以聽得到太古生命的胎動。

「BLOOM」／ Shirazeh Houshiary & Pip Horne

位於通往國立美術館方向街道上的「BLOOM」充滿著透明、無重力感，彷彿在開放的草原上解放想像力，讓日常生活多了些許變化，讓思考任意奔馳。

「妙夢」／安田侃

位於1F廣場的另一尊雕塑作品，黑色的石材有著夢幻流暢的線條，在太陽光的照射之下，照映出光影層次，將人們的夢境一個又一個包圍在中心虛無的圓環當中。

「SANJIN 山神」「FUJIN 風神」／高須賀昌志

「山神」的靈感來自東方最傳統的紋樣，將佛教中卍字轉化為可以讓兒童遊玩的溜滑梯；「風神」的創意則源於源氏香，藉此展現日本的美學意識形態。

「The Fanatics」／ Tony Cragg

層層疊起的金屬泡沫，映照著人們的夢想與慾望，巴比倫通天塔的毀滅預言，孕育了人類創作想像的奔馳。層層堆砌與崩毀，結構與泡沫，推上天際的夢幻天塔何時墜落？

「Fragment No.5」／Florian Claar

金屬的質感，卻有著變形蟲般蠕動的身軀，以及冰冷機械的骨架，破碎的流動感。現實生活與科技的神話，逐漸失去了分隔的界線。時空飛梭與空間錯置，交錯的意識開始變形。

Untying Space – Toranomon Hills Tower ／SUN K.KWAK

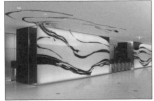

位在2~3樓的辦公室入口，以江戶時代流淌於虎之門附近的河川為發想，如水波盪漾般具動感的黑色線條攀爬於白色壁面上，這是人們與想法、創意的流轉。

Universe 29／展望

將大塊不鏽鋼石從10公尺高的地方往地面砸碎後，

利用這些小碎石創作出如宇宙般充滿漂浮感的作品，展現出虎之門之丘人們於生活中產生的能量。

預約・現場／
1.5小時／日語導覽

Key Points

◉ 進入皇室活動範圍

◉ 能購買皇室限定商品

◉ 現場取券也能參觀

若是沒事先在網路預約的人，可以於當日至桔梗門取得整理券，待時間到了再回來入場。

皇居－一般參觀
一窺東京中心天皇居所

在 東京的都中心，有著一大片綠意被高樓群層層圍繞，這裡便是日本精神象徵「天皇」的住所。日本皇居原本為江戶城的中心，德川幕府滅亡後，於明治天皇時改成宮殿，到了二戰時期被美軍炸毀，最後才在上世紀60年代重建。這裡終日戒備森嚴，並不是能夠自由進出的地方，但近年來宮內廳開放皇居的部份區域給事前上網申請、或是當天前往取號碼券的人參觀，讓民眾得以一探天皇的神秘住所。整段導覽約75分鐘，全程2.2公里，一路地勢平緩走來並不累，算是輕鬆的小散步。

Confirm in advance

網站申請
想事前申請的人，可以上宮內廳的申請網站(見INFO)，點擊畫面右上角的「參觀申込」，進入後：
參觀申込→皇居→選擇參觀月份→選擇參觀日期(◎代表還有名額，X代表額滿)→填寫申請人基本資料、同行人數、聯絡電話→輸入同行者資料→預約完成

現場取券
若是沒預約，可在當天9:00(參觀10:00場次)、12:30(參觀13:30場次)至桔梗門取得該時段的當日受付整理券，參觀開始前30分鐘回到桔梗門換取號碼牌後即可依序進場。

皇居參觀導覽APP
皇居導覽全程只有日文解說，若是怕聽不懂的人，可以事先下載「Imperial Palaces Guide」這支APP，支援多種語言，藉由景點介紹可以輕鬆了解皇居內部參觀重點。

見學體驗

風景展望

博物館

公園綠地

宗教聖地

假日市集

藝術鑑賞

知名地標

皇居一般參觀

🚇地下鐵千代田線**二重橋前駅6出口**、地下鐵三田線**大手町駅 D2出口**徒步約10分，或是JR**東京駅丸の內中央口**徒步約15分

🏠東京都千代田區千代田1-1 (由桔梗門入場)

🕐10:00、13:30兩時段，可上網預約或現場取得該時段的當日受付整理券

❌週日一、例假日、7/21~8/31的下午場、12/28~1/4

💴免費

🌐sankan.kunaicho.go.jp

參◦觀◦重◦點

1 富士見櫓

皇居參觀的第一站，江戶城本丸唯一保存下來、高16公尺的「富士見櫓」。

長160公尺的長和殿，每年國曆新年與天皇誕生日時，皇室一族會在長和殿的2樓接見民眾，場面十分盛大，而在面對長和殿的右手邊有處南車寄，這裡是天皇迎接外賓的地方。

2 宮內廳

4 長和殿

有著銅綠色屋頂的建築是處理皇室事務的宮內廳，許多重要儀式都在這裡舉行，像是內閣總理大臣的任命儀式、天皇與皇后的結婚典禮等。

3 松之塔

5 正門鐵橋

正門鐵橋，又稱為二重橋。由於橋面離護城河約13公尺，江戶時期的人們為了克服高度，便在河面先建一座矮橋，再於矮橋上建立另一橋，於是有此一稱。現在雖然改為鐵橋，但許多老東京仍以二重橋稱之，國賓客前來宮殿拜會天皇時，皆會由此通過。

以松樹為意象建造的「松之塔」，是座高16公尺的照明塔，寓意著日本國運繁盛昌隆。

6 伏見櫓

現在看到的宮殿位在江戶城的西之丸，從正面鐵橋往回望，是當時保留下來的伏見櫓。

Key Points

◉ 皇室御用後花園

◉ 江戶城遺跡

◉ 三之丸尚藏館

皇居東御苑
江戶城遺跡庭園

皇居平時門禁森嚴，除了一天兩次的一般參觀之外，從大手門進入的皇居東御苑，也有限制地開放給人們參觀。由大手門進入後，首先會看到「三之丸尚藏館」，這裡展示著皇室歷年來收藏的工藝美術作品。如果你對皇居有「豪華」的期待，恐怕要失望了，其實皇居是以前的江戶城，東御苑內也留有不少城跡，像是曾建有天守閣的天守台，現在只剩平台；另外大手門、平川門、富士見櫓、江戶城本丸御殿前的檢查哨「百人番所」與隨處可見的石垣等，每一角落都充滿歷史風情。除了歷史城跡之外，東御苑更有四季不同的花草樹木，庭園景觀簡樸雅致，漫步林間，完全忘了此刻竟是在寸土寸金的東京都市中心呢！

Confirm in advance

如何進入
從東御苑大手門處拿個號碼牌，就可以順著路徑走入石垣及林蔭間。號碼牌要妥善收好，在出御苑時交回，這是皇居警衛點人數的方式，免得關門後，有人「不小心」留在皇居內了。

愛護花草
來到天守台一側，還有一片種植數棵櫻花樹的大草坪，約有四萬坪的廣大面積，被東京都民譽為東京最美的草坪，只是為了保護草坪，雖無明文禁止遊客踩踏，但大家都自主地只用眼欣賞、用心守護。

風景展望

博物館

公園綠地

宗教聖地

假日市集

藝術鑑賞

知名地標

江戶城本丸北側的天守閣，曾經高達51公尺，是日本最高的天守，如今原址只剩平台，讓遊客登高憑弔。

天守台附近的竹林植有12種類的竹子，盛夏走在林間，聽著風拂過林梢的聲音十分風雅。

三之丸尚藏館每年不定期更換工藝美術品展示，讓人一探皇室品味。

從東御苑看到的富士見櫓隱身在一片樹林之後，內部不開放參觀。

皇居東御苑

- 至大手門最方便：地下鐵東西線**大手町駅C13出口**徒步5分、地下鐵千代田線**二重橋前駅6出口**徒步10分，或是JR**東京駅丸の内中央口**徒步約15分
- 東京都千代田區千代田1-1 (東御苑參觀由大手門、平川門、北桔橋門入場)
- 3/1~4/14 9:00~17:00、4/15~8/31 9:00~18:00、9/1~9/30 9:00~17:00、10/1~10/31 9:00~16:30、11/1~2/28(29) 9:00~16:00
- 週一、週五、天皇誕生日、12/28~1/4
- 免費　www.kunaicho.go.jp

皇居東御苑
皇居
大手町
大手門
桔梗門
丸ノ内線
千代田線
二重橋前
東京
櫻田門　有樂町線
日比谷線
日比谷

Key Points

◉ 實際進入印鈔工廠

◉ 日本貨幣演進

◉ 防偽設計

國立印刷局
東京工廠見學
認識紙鈔的小秘密

日本國立印刷局專門印製紙鈔、郵票、證券等有價的印刷物，在全國共有6處工廠，其中東京、小田原、靜岡與彥根四處工廠開放見學，而地理位置最方便的，便是位在都心的東京工廠。

行程一開始，會先欣賞約30分鐘的影片，從紙鈔的設計、防偽到印製工程等，詳細介紹與印鈔相關的小知識，議題有點艱深，若懂日文會比較能了解。接著進入實際印刷紙鈔的工廠內，雖然隔著玻璃，但巨大的印刷機正運作著，紙幣快速印刷讓人印象深刻。其實國立印刷局不只是印刷鈔票而已，連鈔票的用紙、墨水也都自己生產；當然，特殊製版、印刷與後製處理，無一假借他人之手，極為重視防偽工程。以現在流通的一萬圓日幣紙鈔為例子，在正面便有14處防偽設計，凹版印刷的紋路觸感、藏在圖案中極為微小的數字或符號、變換角度才能看到的雷射紋樣、潛藏圖樣等，都讓複製變得更加困難，以此來達到防偽的效果。最後來到展示室，由展示物與展示板來了解紙鈔相關歷史、製造技術，行程到此也將告一段落。

Confirm in advance

如何預約

想要參觀，可以在參觀日的前2個月一號至2週前上網或以電話預約。見學當日需出示身份證明文件與預約信，最好於見學開始前15分鐘抵達進行安檢。

國立印刷局東京工廠外觀，入內需經過安檢。

工廠見學來到展示室，從各種解說了解日本鈔票的製程、防偽與背負的使命。

©國立印刷局

©國立印刷局

見學的重頭戲，便是進入工廠內看工作人員印製鈔票，原來小小一張紙鈔的作工如此繁複，令人佩服！

東北本線

國立印刷局

東北・上越新幹線

京浜東北線

上中里

西ケ原

国立印刷局 東京工場見学

🚇地下鐵南北線**西ケ原駅1出口**徒步1分、都電荒川線**飛鳥山駅**徒步5分、JR京浜東北線**上中里駅**徒步10分

🏠東京都北區西ケ原2-3-15

☎03-5567-1102

🕐每週二、四，10:00、13:40兩時段，實際開放見學時間以網站為主

🚫例假日、12/28~1/3

💰免費

🌐www.npb.go.jp/ja/event/kengaku/tokyo.html

❗工廠見學限定小學生以上，不適合帶幼兒前往。

見學體驗

風景展望

博物館

公園綠地

宗教聖地

假日市集

藝術鑑賞

知名地標

預約制／
1.5小時／日語導覽

Key Points

◉ 啤酒30分喝到飽

◉ 免費接駁車

◉ 工廠限定商品

試飲的時間約有30分鐘，三款啤酒嚐來風味皆不同，可以一邊品嚐一邊比較，喝完了也可以再續杯。

SUNTORY
武藏野啤酒工廠見學
啤酒狂熱份子的寶殿

得利頂級啤酒The PREMIUM MALT'S，綿密細緻的泡沫與多層次的麥香氣息，是許多人心中的啤酒第一品牌。要完成一罐美味的啤酒，最大的關鍵便在於「水」，SUNTORY武藏野啤酒工廠建在此處，便是因為當地的深層地下水。來到位在武藏野的啤酒工廠，便能一窺頂級啤酒的製作過程；整段見學導覽中雖然都只看到機械運作，但由於原料只使用天然產品，為了確保最高品質，三得利還是十分仰賴人工的味覺判斷，從製程中到最後成品，嚴格把關。除了能夠了解品牌的堅持與用心，最重要的是，導覽結束後還能試喝三種不同種類的啤酒，喜歡啤酒的人絕對不能錯過。

Confirm in advance

網站申請
進入官網後，點選網頁右上的「見学ツアー・セミナーを予約する」，再點選第一項「ガイドツアー」，即可選擇欲參觀的日期與時段。當天在導覽開始15分前抵達並至櫃台告知預約姓名即可。

接駁巴士
三得利貼心提供接駁巴士，配合見學時間，每天有8至9車次往返，不妨多加利用。
時刻表：www.suntory.co.jp/factory/musashino/access/

サントリー武蔵野ブルワリー見学

🚃JR、京王線**分倍河原駅**前有免費接駁巴士可達，巴士時刻詳見官網。亦可由JR南武線**府中本町駅**徒步約15分

🏠東京都府中市矢崎町3-1

🕐每天約8場次，10:00、10:45、11:30、12:15、13:00、13:45、14:30、15:15，以網站時刻為主

🈺工廠休業日、年末年始　💰免費

🌐www.suntory.co.jp/factory/musashino

❗於包含參觀日當月在內的前二個月開放網路預約，例如預計2023年4月造訪，於2023年3月週末以外的第1個營業日即可預約。

見學體驗

風景展望

博物館

公園綠地

宗教聖地

假日市集

藝術鑑賞

知名地標

參 ⎯ 觀 ⎯ 重 ⎯ 點

① 原料講解

導覽開始後先欣賞一段影片，點出三得利與水共生的觀點，接著踏入展示空間，從麥與啤酒花等原料，帶領觀者了解其對啤酒的影響與重要性。

② 製作過程

▲見學路線中，實際走過貯酒工程中的儲藏槽，原來啤酒一次儲藏的量這麼大！

接著來到醸造工廠、儲酒空間，到最後的過濾、填裝、出貨，從原料到成品，全部的流程在40分鐘內導覽結束。

③ 試飲時間

最後，便是大家最期待的試飲時間了！導覽員將大家引導至試飲空間後，便會送上下酒小點心，與三種的The PREMIUM MALT'S啤酒。

▶工作人員現場指導如何在家也能把罐裝啤酒倒出完美泡沫。

先將啤酒舉高倒入杯中，製作1/3高度的泡沫，再把杯子傾斜，沿著杯緣輕倒入啤酒，在家也能享受黃金比例。

④ 紀念商品

開心試飲後，離開前別忘了再至工廠設置的賣場選購伴手禮，除了各式啤酒外，還有工廠原創的啤酒杯與下酒零食。

免預約／
0.5小時／付費導覽

Key Points

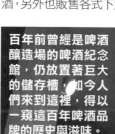

● 微醺小酒館

● 付費導覽試喝

● 品牌啤酒歷史展示

惠比壽**啤酒紀念館**

工廠遺蹟中品酒趣

日本國產啤酒品牌眾多，其中惠比壽啤酒創立於1887年，是知名的老字號啤酒品牌。惠比壽啤酒紀念館開放免費參觀，不用預約便能自由進出；來此參觀可以看到最新科技的展示手法，藉由創業至今惠比壽啤酒的各項文物展示，讓人充分認識惠比壽啤酒的歷史與文化。堅持100%使用麥芽為原料，再利用蒸氣長期熟成，增加啤酒的風味與鮮美，是惠比壽啤酒經營超過百年的秘訣；在試喝空間TASTING SALON裡，也可以付費試喝6種招牌人氣啤酒，每一杯￥400；先在販券機購買食券後再至吧台領取啤酒，另外也販售各式下酒小菜，配著吃更開心。

百年前曾經是啤酒釀造場的啤酒紀念館，仍放置著巨大的儲存槽，如今人們來到這裡，得以一窺這百年啤酒品牌的歷史與滋味。

Confirm in advance

惠比壽地名由來

早期為了因應大量的啤酒運輸，1901在啤酒工廠內設置了惠比壽啤酒專用的貨物車站，1906年更於澀谷駅的南側開設了惠比壽駅，開始做一般旅客的運輸，爾後更成為整片地域的名稱；一瓶啤酒成為惠比壽地區的名稱由來，成為惠比壽這個啤酒品牌的歷史佳話。

惠比壽啤酒紀念館內展示與其啤酒事業相關的發展歷程，並有許多歷史、酒標、商品的實物展出，看不懂日文也好玩。

一進入紀念館便先被地上大大的 LOGO 吸引

離開前也別忘了逛逛販賣店，裡頭除了以惠比壽啤酒的老酒標為主題的各式商品外，也能找得到許多日本工藝逸品，喜歡餐桌小物的人可別錯過了。

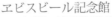

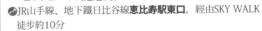

ヱビスビール記念館

🚃 JR山手線、地下鐵日比谷線**恵比寿駅東口**，經由SKY WALK 徒步約10分

🏠 東京都渋谷區恵比寿4-20-1 恵比寿GARDEN PLACE內

🕐 11:00~19:00，現正整修中，預計於2024年4月開業

🈺 週一(遇假日順延)，日本新年，特別休館日

💴 入館免費，導覽+試飲￥500

🌐 www.sapporobeer.jp/brewery/y_museum/

見學體驗

風景展望

博物館

公園綠地

宗教聖地

假日市集

藝術鑑賞

知名地標

預約制／
1小時／日語導覽

Key Points

◉ 古老酒藏

◉ 酒類製品伴手禮

◉ 多摩川舒適綠園地

澤乃井的歷史悠久，進入充滿厚重感的酒藏內，用五感體會日本清酒的美妙。

澤乃井 酒藏見學
拜訪日本超級老酒藏

在日本看到門口掛有杉木球的店家，就知道那兒有賣酒，這是種風雅的情懷。為了讓社會大眾可以一窺酒造製作秘密，早在1966年就已經開放酒藏參觀，並且培訓自家員工，讓每位員工都可以成為優秀的酒藏導覽員。現在小澤酒造也將整個廠區整理經營成觀光景點，販賣用酒製作的豆腐、饅頭或是其他輕食，讓來客可以在多摩川旁舒適地遊憩，感受老牌酒造的新活力。申請酒藏參觀，可以由網路或電話預約，每天2個時段各限定15人，在官網上會看到目前滿額的時段，熱門時段很容易就額滿，一定要提早預約以免向隅。

Confirm in advance

美味秘訣
日本酒的成分中，水份佔了八成，澤乃井所在地就是孕育有清冽泉水之處，酒藏內的水井已經有170年的歷史，再混合4公里外引流過來的軟水，各項堅持造就了澤乃井的獨特歷史地位。

小澤酒造歷史
日本老牌小澤酒造，創立時間已經不可考，歷史上最早有文字記錄可以追溯到1702年(日本元祿時代)，但是在更久之前就已經在經營酒造業了；小澤酒造傳至目前已經是第22代，並且以所在地澤井為名，推出「澤乃井」這個品牌，是日本酒市場的歷史老舖。

澤乃井酒蔵見学
🚃JR青梅線**沢井駅**徒步15分
🏠東京都青梅市沢井2-770
📞0428-78-8210
🕐10:00~17:00，酒藏見學：每天13:00，14:00共二個時段
🚫週一、年末年始
💴免費
🌐www.sawanoi-sake.com/service/kengaku

參·觀·重·點

① 日語導覽

酒藏的導引人員都是公司員工輪班來執行，有時候還能遇到社長親自來導覽呢。

③ 試喝時間

參觀的最終高潮，當然就是品酒囉！十支日本清酒一字排開，讓訪客可以細細品嚐這個古老酒藏蘊造出來的好滋味。(現在試喝暫停中)

② 酒藏參觀

通過元祿時代就傳下來的厚重門扉進入酒藏，濃濃的酒香撲鼻而來，透過屋頂巨大的樑木，可以感受到酒藏悠久的歷史，還能看到使用三百歲杉木所製成的釀酒桶，以及古傳的釀酒法所釀造出來的特別紀念酒。

見學體驗

風景展望

博物館

公園綠地

宗教聖地

假日市集

藝術鑑賞

知名地標

29

Key Points

- 貴族院
- 實際進入本會議場
- 日本國會議事堂

參議院的本會議場，仔細看，前後各兩排的桌上並未放置議員名牌，據說這是從早期便流傳下來的傳統習慣。

參議院見學
日本政治最高殿堂

國 會議事堂，是日本政治的中樞，豪華的歐式建築於1920年始建，總面積有1萬3千多平方公尺，光是館內走廊所鋪設的紅地毯便有四公里長，十分廣大。歷時16年，至1936年才完工，2008年時再花了1年整修，現在看到的建築十分新穎，參觀一圈，除了至日本議會朝聖外，也能見到美麗的建築。從正面望去，位在左側的是眾議院，右側的則是參議院。日本的國會由「兩院制」組成，一是跟隨人民意見、有解散權利的「眾議院」，一則是任期長、較不受大眾情緒干擾的「參議院」，兩者雖皆由人民選出，卻也相互制衡，法案需由兩院共同通過才可實行。來到參議院，可以藉由實際導覽來理解日本近代憲政的歷史與轉變。

Confirm in advance

如何預約
於平日來到參議院，不用事前申請，只要在固定導覽時間的前10分到達填寫參觀表格即可。

眾議院見學(現正暫停中)
基本上國會議事堂是採對稱式的建築，位在南側的眾議院，建築結構與參議院是一樣的。眾議院也開放見學，平日兩邊選擇一處參觀即可，但週末、例假日只有眾議院開放。
- 平日8:00~17:00每整點一導覽梯次，假日9:30、10:30、11:30、13:00、14:00、15:00

参議院見学

🚇 地下鐵有楽町線・半蔵門線・南北線**永田町駅1出口**徒步
　3分，地下鐵丸ノ内線・千代田線**国会議事堂前駅1出口**徒
　步6分
📍 東京都千代田區永田町1-7-1 国会議事堂内
🕐 9:00~16:00，每整點一導覽梯次
🚫 週末、例假日、年末年始
💴 免費　🌐 www.sangiin.go.jp
❗ 參觀人數超過10人需事前申請。入場需要檢查隨身行李，
　最好提前15分到達。國會召開當天，召開前1小時至議會結
　束期間不開放參觀。

風景展望

博物館

公園綠地

宗教聖地

假日市集

藝術鑑賞

知名地標

參・觀・重・點

① 參觀大廳

導覽一開始來到參觀大廳，在這裡導覽員會簡單說明參觀注意事項，接著便真正進入國會議事堂內。

接著來到天皇休息室、皇族室、中央廣間、前庭等，想近距離欣賞國會建築的人一定會大大感到興奮。

③ 國會內建築

② 參議院本會議場

▲議會的第一天，舉辦開會議式時，天皇會大駕光臨議會致辭，並坐在最裏側的席位中列席參加。

來到「參議院本會議場」的旁席見學，實際坐在旁聽席上，由上往下俯瞰議場，耳邊彷彿傳來議會的喧鬧聲，印象十分深刻。

行程最後，導覽員會將參觀者引導至國會議事堂的正門，從正門幫忙拍下紀念照，為行程留下完美的回憶。

④ 議事堂外觀

▲國會議事堂外觀。中央正門平時不開放，只有在每年初次召開國會、天皇及外國元首光臨國會時才會開啟。

免預約／
20分鐘／日語導覽

Key Points

◉ 免預約好輕鬆
◉ 漫遊水鄉美景
◉ 自己操櫓搖槳

和船體驗
體驗順風順水的勞動快意

東京江東區共保有7艘和船，其中6艘就放在橫十間川親水公園，為了保存從古至今的搖船技術以及推廣和船之美，主管這些和船的江東區和船之友會，便規劃了和船運行日免費提供遊客體驗。目前運行中的和船，都屬於以前的載貨船，木製的船身有著平坦的船底，方便貨物擺放，當遊客們魚貫登船後，船夫大叔就會把和船駛向河中，一邊輕快地搖著槳，還能介紹沿途的景致。如果想要體驗搖船，只

Confirm in advance

什麼是和船？
所謂的「和船」，指的就是日本特有的木造船隻。不同於西洋木造船上注重龍骨或是肋材等利用力學讓船隻更為強健的結構，和船以日本原始的挖空獨木舟為基準，拼接木板來製造出日本特有，用以內陸漕河運輸的小船或是可以出海的中型船隻。根據日本考古學家挖掘到的古文物來推測，從西元3世紀日本古墳時代開始，日本船幾乎都使用類似的構造，可說是歷史久遠。

注意時間
和船運行日大多數在週三或是週日，其他的運行日都可以在官網查詢。只要運行日的上午10點到下午2點15分，直接前往船舶現場就可以預約，但每艘船的座位有限，也有要等候的可能。

見學體驗

風景展望

博物館

公園綠地

宗教聖地

假日市集

藝術鑑賞

知名地標

橫十間川的和船體驗，除了可以免費試乘之外，最大特色就是可以挑戰自己搖櫓駕船，難得的機會可千萬別錯過了！

要在登記的時候說明，就可以代為安排操作，但這項技術可非常不容易，除了要運用到全身的力量外，也要注意水流、運用巧勁才能讓船隻順利航行，一般遊客都是素人，短時間內抓不到技巧划得歪七扭八也是常有的事，這時候就仰賴船夫大叔們的救援了。雖然一趟航程下來累到人仰馬翻，在河上悠閒漂流，也是另一種快意體驗呢。

橫十間川和船體驗
- 都地下鐵東西線**東陽町駅**徒步約20分，都營巴士【東22】路線在**千田**下車徒步7分、【門21】路線在**東陽七丁目**下車徒步約15分
- 東京都江東區扇橋3丁目～東陽3丁目 橫十間川親水公園・海砂橋際（海邊乘船場）
- 10:00~14:15，運行日在週三、週日，詳細時間依官網公告為主
- 不定休　免費
- www.city.koto.lg.jp/470601/machizukuri/kasenkoen/shuun/7477.html

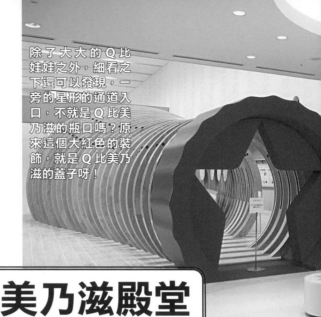

除了大大的Q比娃娃之外，細看之下還可以發現，一旁的星形的通道入口，不就是Q比美乃滋的瓶口嗎？原來這個大紅色的裝飾，就是Q比美乃滋的蓋子呀！

Key Points

- Q比限定商品
- 調配自己的專屬美乃滋
- Q比廣告設計藝廊

美乃滋殿堂
原來如此啊美乃滋！

Q比公司在仙川工廠開設了美乃滋殿堂，免費入場讓大家一窺美乃滋的各種秘密！先映入眼簾的就是可愛的迎賓大廳沙拉區，這邊擺設的座椅都是跟美乃滋很對味的各類蔬菜，大家吃蔬菜的時候，喜歡淋上哪種口味的沙拉醬呢？後面木造的溫暖房間，就是個放大版的美乃滋瓶身。進入到美乃滋房，便開始了導覽行程的第一階段，大家先在此藉由導覽上的互動，對於Q比的歷史以及製造過程有了初步的認識。接下來的行程，會經過可以看到歷史上的包裝以及廣告等宣傳品演進的Q比藝廊、注重衛生以及品管的Q比工廠生產線，最後來到自創美乃滋調味的品嚐活動區，這邊每個人會分配到生菜沙拉包跟Q比美乃滋，讓來訪的客人在引導之下自行調出屬於自己的美乃滋味道，小朋友們也可以透過各式各樣與美乃滋的互動，克服吃蔬菜的恐懼，更增添了許多調味品的常識，不但歡樂又有教育意義。

Confirm in advance

日本的國民調味料

說到美乃滋，微酸的口感帶有豐厚的奶香，是飯桌上不可或缺的成員，而其中大家最熟悉的品牌，應該就是有著大眼睛嬰兒肥圓臉的可愛娃娃Q比了。Q比公司成立於1925年，老牌美乃滋事業已經深入日本家庭核心，另外也研發了多款沙拉醬以及調味料，網路上的料理分享以及食譜介紹是思考做菜方向的好幫手，電視上播放的「Q比三分鐘快烹食譜」是婆婆媽媽們的好朋友。

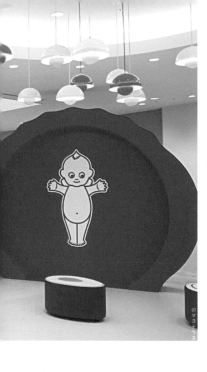

Q比的仙川工廠外觀，1 樓改建成美乃滋殿堂，帶大家體驗美乃滋的美味。

來到美乃滋的調味品嚐活動區，大小朋友們調配自己專屬好滋味。

附設的賣店裡有許多 Q 比相關產品，季節限定的可愛的 Q 比娃娃正跟你打招呼～

マヨテラス
🚃京王線**仙川駅**徒步7分鐘
🏠東京都調布市仙川町2-5-7 仙川キユーポート
🕐一天約3個時段：10:30、14:00、15:45 詳見官網
🈺週末、例假日
💰免費
🌐www.kewpie.co.jp/mayoterrace/index.html

風景展望

博物館

公園綠地

宗教聖地

假日市集

藝術鑑賞

知名地標

免預約／
1小時／日文解説

香林院坐禪
都會中心的小禪寺

香林院位在近年十分熱門的廣尾區域，為臨濟宗大德寺派。釋迦牟尼在坐禪中明心見性，臨濟宗不拘泥於教典，而是著重在每個人的內在，至於如何尋求自我內在呢？住持説：「『正』字拆為『一止』，想要追求正確的道路，一時停止是很重要的一步。」為了提供忙碌的都市

Key Points
◉ 禪宗的精要
◉ 都市裡的休息時間
◉ 晨間坐禪

香林院外觀

坐禪時，將雙腿盤坐，背脊打直，雙眼微微闔上，視點落在膝前。慢慢將利用呼吸慢慢將心情平靜下來，達到無為的境界。

Confirm in advance
坐禪受上班族歡迎？
來到香林院體驗坐禪，環顧四周，參加的年齡層大多落在青壯世代；平常日的早晨，在上班之前來到禪院坐禪，已經是許多上班族的日常課題。由於一個人在家坐禪要持續下去並不容易，來到這個空間，藉由大眾力量的幫忙長期坐禪，不管是在體力，或是精神力上都能有所增長，一整天的上班時間也更能集中注意力，提升工作效率，所以早晨的坐禪活動很受上班族歡迎。

香林院的打坐場所就在本堂前，選個坐墊坐下後，便可在住持的帶領下進行晨間坐禪。

人一個脫離常軌，能靜下心、探求自我內心的時間，在週間的早上7點、與週日傍晚5點起的一小時內，分為2次25分鐘的坐禪，由住持帶領，踏上尋求頓悟的路途。值得一提的是，坐禪的結束時間並非以時鐘指針為準，而是住持藉由立起的線香長短來判斷；坐禪中若能集中心神，據說還能聽到香灰落下的聲響呢！

住持也十分歡迎對坐禪有興趣的觀光客前往體驗；即使語言不通，晨間在住持的帶領下坐禪，一方無聲靜寂之中讓「無」的觀念常存心中，感悟人世，觀照內省。

香林院 朝坐禪
- 地下鐵日比谷線**広尾駅2出口**徒歩5分，JR山手線**恵比寿駅東口**徒歩12分
- 東京都渋谷區広尾5-1-2
- 週一〜五7:00開始，週日17:00開始
- 週六
- 免費
- www.facebook.com/kourinin
- 建議穿著輕便好活動的衣服，打坐時比較舒服。

広尾
香林院●
日比谷線
山手線
恵比壽啤酒紀念館
Yebisu Garden Place Tower

見學體驗

風景展望

博物館

公園綠地

宗教聖地

假日市集

藝術鑑賞

知名地標

Key Points

◉ 親子同遊
◉ 小動物接觸區
◉ 海獅餵食秀

園內的超高人氣區域，就是與小動物們的零距離親密接觸區。

江戶川區
自然動物園
小而美的療癒空間

雖然沒有遼闊的規模，也沒有獅子大象長頸鹿，或是上野動物園的貓熊等動物明星，江戶川區自然動物園憑著可與溫馴小動物零距離接觸以及眾多的教育媒介，還有入園免費這項超級大誘因，吸引當地親子家庭踴躍到訪。

來到江戶川區自然動物園，大家都會不由自主地前往這裡的人氣明星土撥鼠的家報到；模擬原始的生存環境，園方準備了寬闊的黃土區讓土撥鼠們可以自由地打洞，可以看到土撥鼠直立在洞穴口張望防禦天敵，或是用肥短的身軀努力挖洞的可愛模樣。江戶川區自然動物園雖然佔地不大，但鄰近的行船公園中有許多兒童遊樂設施，可以讓孩子們消耗精力，附近還有AEON購物中心提供用餐休憩空間，消磨一整天也不需要太高的花費，無論大人小孩都能非常盡興。

Confirm in advance

與動物親密接觸
在這邊可以與兔子、綿羊、山羊、天竺鼠、雞、鴨等小動物盡情接觸，無論是撫摸或是餵食都沒有距離，但也別太興奮地尖叫或用力過猛，會讓小動物們感到壓力喔。另外也有海獅餵食秀等定時活動，要記得先向園方確認時間。
◉小動物接觸區(ふれあいコーナー) 10:00~11:45，13:15~15:00，當日開放情形詳見官網

江戶川區自然動物園入口處

在園內散步時，也能見到園方準備的
教具，例如禽鳥們的羽毛解説，或是
猜猜這是誰之類的小問答，讓家長可
以隨時給孩子機會教育。

人氣動物明星小浣熊是動物園的宣傳
部長，小朋友開心合照。

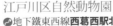

江戶川区自然動物園

🚃地下鐵東西線**西葛西駅北口**徒步約15分，或搭乘都営巴士
【新小21】路線，往西葛西駅方向於**宇喜田站**或是**北葛西2
丁目站**下車即達。

🏠東京都江戶川區北葛西3-2-1行船公園內

🕐10:00~16:30，例假日9:30~16:30，11月~2月10:00~16:00

🚫週一（遇假日順延）、12/30~1/1

💰免費

🌐edogawa-kankyozaidan.jp/zoo/

012

預約制／
1小時／日語導覽

Key Points

◉ 可在網站預約英語導覽

◉ 近距離欣賞辰野金吾建築

◉ 日本金融重鎮

日本銀行 本店見學
金融重鎮的文化古蹟

以穩定物價、維持金融體系而建立的日本銀行，其銀行業務主要對象是各地的銀行，同時也處理政府相關金融業務，更是日幣的發券銀行。1882年於永代橋開業，至三代川田總裁時移來日本橋；早期日本橋這一帶有處被稱為「金座」的地名，便是以鑄造金幣而得名（相對的銀座則是以鑄銀而得名）；如今的日本銀行便位在金座的原址上。

日本銀行本店由辰野金吾（東京車站的設計者）設計建造，至今已有120多年的歷史；青瓦灰磚、明治洋風建築的本館被指定為國家重要文化財，並開放見學行程給一般遊客參觀。行程約一小時，包含10分鐘的影片欣賞與50分鐘的本店導覽介紹，不能在中途離開。現在不須預約的當日見學暫停中，預約見學則需要於90天至5天前先在網站上預約，須注意英語導覽的場次較少。

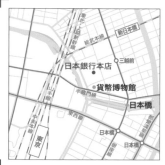

日本銀行本店見學
🚇地下鐵半藏門線**三越前駅B1出口**徒步1分、銀座線**三越前駅A5出口**徒步2分，或是從**東京駅八重洲北口**徒步8分
🏠東京都中央區日本橋本石町2-1-1
🕐一天3個時段：9:30、11:00、15:15，週二另有13:45的場次
🈺週末、例假日、12/29~1/4
💴免費
🔗https://bojtour.rsvsys.jp/
📧預約信箱：post.prd12@boj.or.jp 日文／英文
❗一般見學為日文導覽，每週二下午13:45的時段則有英文導覽，可於E-mail申請時提出。

見學體驗

風景展望

博物館

公園綠地

宗教聖地

假日市集

藝術鑑賞

知名地標

FREE SPOT
in TOKYO

013

免預約／
0.5小時／無導覽

Key Points

◉ 四線同框的名場景

◉ 水泥拱橋

◉ 侯孝賢珈琲時光

御茶ノ水 聖橋
四線交會的鐵道羅曼史

聖 橋由於連接兩大聖堂：湯島聖堂與東京復活大聖堂，故以「聖」命名之。特別的是，從聖橋上往秋葉原方向（東邊）望去，神田川就在腳下，稍遠的綠色鐵橋「昌平橋」上黃色的總武線悄悄流過，過不多久橘色的中央線也緩緩進站，運氣好時，更能夠從橫跨神田川上的鐵道看到交會的地下鐵丸之內線。由紅色、黃色、橘色交織成的鐵道風景，一瞬間躍然眼前；過往路人對此風景司空見慣，而對旅人來說，來這裡靜靜等待列車交會的瞬間，似乎已經成為旅行的習慣了。如此複雜的交通網織繪出美麗生活風景，也串聯起數以萬計的人生，靜下心來，就會發現生活中的鐵道也可以如此多彩。

御茶ノ水 聖橋
🚃 JR中央本線・Metro丸の内**御茶ノ水駅**出站即達
🏠 東京都千代田區駿河台～文京區湯島
📅 自由見學
💰 免費

Key Points

- 前進台場
- 港區海濱風景
- 走路過橋

從台場海濱公園一側望去的彩虹大橋，風景宜人。

橫渡**彩虹大橋**
海浪上的健行體驗

以柔和曲線連結東京都港區與台場的彩虹大橋，是台場的代表，每到晚上就點打上單色燈光，也會配合活動(如跨年)打上璀璨的彩色燈光，使其成為名符其實的彩虹大橋。一般想要前往台場，大多人都會乘坐百合海鷗號，但很多人都不知道，其實還可以用「走」的橫渡彩虹大橋。遊步道分為橋南側與北側，從南側可以看到台場一帶的風景，像是著名的富士電視台球體展望室等海濱風景，盡收眼底。若走北側，能看到的則是豐洲、東京市區風景，天氣好時還可以遠眺東京鐵塔呢！

Confirm in advance

建議事項

◉ 想要親自踏上彩虹大橋，最建議的路徑是先搭乘百合海鷗號至芝浦ふ頭駅，出站後再途步約5分能看到往「プロムナード」(PROMENADE)的指標，依指示進入電梯即至步道，可惜的是單趟只能選擇單一側行走，若橋兩側的風景都想欣賞，就必需各走一次。

◉ 遊步道全長約1.7公里，慢慢走一趟單程約30分鐘，另外要注意的是途中並沒有廁所、飲料販賣機等，要上廁所要在芝浦這側先解決，最好也自己帶水以免口渴。步行途中還能看到百合海鷗號從身旁呼嘯而過，十分有趣。

◉ 抵達台場後約再徒步15分能到達台場海濱公園，接續台場的行程。

レインボー
プロムナード入口
Entrance to
RAINBOW PROMENADE

從台場側進入彩虹大橋的遊步道，望見的是東京都心美景。

走在橋南側可以一望台場風景，富士電視台的球體展望室十分好認。

遊步道沿路指標清楚，不怕走錯路。

選擇南側或北側的遊步道，你要向左走還是向右走？

レンボープロムナード

🚉 入口處在芝浦與台場側各有一個，芝浦口：**百合海鷗號芝浦ふ頭駅**徒步約5分；台場口：**お台場海浜公園駅**徒步約15分

🕐 9:00~21:00，11~3月10:00~18:00

🚫 第3個週一(遇假日順延)，12/29~31，東京灣大花火祭時，天候不佳時

💰 免費

ℹ 全長1700m，徒步單程約30分

見學體驗

風景展望

博物館

公園綠地

宗教聖地

假日市集

藝術鑑賞

知名地標

Key Points

◉ 變電所改建資料館

◉ 可動式跳開橋

◉ 隅田川歷史名橋

勝鬨橋資料館

見證隅田川近代發展史

西元1940年為了讓當時航行在隅田川的貨船能順利通行，可動橋（日：跳開橋）式的設計，讓勝鬨橋的中央部開闔，有著當時最先進的技術。後來隨著隅田川貨運船數量的銳減，於1970年11月最後一次開闔後便未曾再使用，至2007年時，與隅田川上的清洲橋、永代橋一同被列入國家重要文化財。控制勝鬨橋開闔的設置位在勝鬨橋靠近築地市場這側，如今我們能參觀的勝鬨橋資料館，便是改建於此座變電所。資料館內仍保存著當時的配電設施、設計原圖與當時的文書史料等，藉由展示物與館內播放的影像資料，讓人了解勝鬨橋、甚至是整條隅田川上的發展歷史。每週四館方會舉辦實際進入橋腳內觀察開闔裝置的見學行程，雖是全程免費，但由於申請方式複雜（需以明信片回函申請）、且導覽全以日文進行，建議會日文的人可以上官網查詢如何報名參加。

Confirm in advance

勝鬨橋歷史

日本第一次舉辦萬國博覽會，是1970年的大阪萬博，但其實早在1904年代，原本於東京的月島地區就有計劃要展開萬博，只是隨著戰爭激化，東京萬博也就無疾而終。在這樣的背景下，當初為了讓東京車站、銀座方面來的人潮能渡過隅田川來到月島，因而有了建造勝鬨橋的計劃。雖然萬博因戰爭而取消，但勝鬨橋仍如期於1940年完成。

見學體驗

風景展望

博物館

公園綠地

宗教聖地

假日市集

藝術鑑賞

知名地標

跨越隅田川的勝鬨橋，如今已經看不到開闔的景色。

改建自配電所的資料館內，仍可見當時控制橋開闔的各種配電裝制。

館內展示的資料照片，說明勝鬨橋開闔的樣子。

● 当時東洋一の可動橋として謳われて
● 平成19年6月18日に「国指定重要文化財」に指定さ

館內展示著兩具巨大的發電裝置，說明當時東洋第一的科技實力。

かちどき橋の資料館

🚇 地下鐵日比谷線**築地駅1出口**徒步4分，地下鐵大江戶線**勝どき駅A4出口**徒步過橋約8分

🏠 東京都中央區築地六丁目 勝鬨橋靠築地側

🕐 9:30~16:30，12月~2月9:00~16:00

🚫 週一、三、日，12/29~1/3

💴 免費

🌐 www.kensetsu.metro.tokyo.lg.jp/jigyo/road/kanri/gaiyo/kachidoki/index.html

Key Points

◉ 濱海小散步

◉ 恐龍橋

◉ 打卡新熱點

東京 京門大橋
恐龍大橋的浪漫風景

搭 乘JR京葉線電車經過海濱時，抬頭望向南側海岸，會被一瞬即逝的兩隻恐龍吸引，其實這是於2012年啟用、連接江東區若洲與填海新生地城南島的大型橋樑「京門大橋」。橋身全長2公里，不同彩虹大橋的優美線條，特殊造型的橋身線條稜角分明，有如兩隻對峙的恐龍，除了疏緩臨海區域的塞車問題之外，意外成為人們前來欣賞美景的東京新名所。從新木場駅搭乘公車來到若洲這側，可以乘坐電梯至離海平面60公尺的橋面散步。登上橋面可欣賞東京迪士尼、晴空塔等風景，由海上感受東京灣的壯闊氛圍，天氣好時更可遠眺富士山、欣賞羽田機場的飛機起降呢！

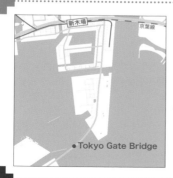

ゲートブリッジ

🚃JR京葉線・地下鐵有樂町線・臨海線**新木場駅**，搭乘都巴士至**若洲公園キャンプ場前**下車即達

🕙10:00~17:00，7/1~9/30的週五、六10:00~20:00

休第3個週二(遇假日順延)與12月第一個週二，天候不佳時

¥免費

❶京門大橋全長2618m，開放的徒步區約1.6公里，步道只有都心側一段，需回到原點下橋。

FREE SPOT
in TOKYO

017

免預約／
0.5小時／無導覽

Key Points

◉ 360度迴廊觀景台

◉ 晴空塔與荒川

◉ 富士夕陽

Tower Hall 船堀展望室

遠眺晴空塔美景

位 在高115公尺處的展望室,雖然跟東京都心的大樓相比,不算是很高,但由於立地良好,四周並無高樓遮擋視線,在展望室的迴廊式走道能夠以360度環繞東京都心與東京灣、千葉的美景。來到這裡最好的時機,莫過於黃昏日落時刻;往西北望去,能看到巨大的東京晴空塔,天氣晴朗時還有機會從正西側見到由富士山後落下的美麗夕陽。當然,西南側的東京鐵塔也是各路攝影好手來此競相拍攝的目標之一。Tower Hall內部也設置了咖啡、輕食等餐廳,若剛好到了用餐時間不妨就近試試。

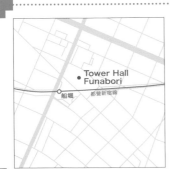

タワーホール船堀展望室
🚇地下鐵新宿線**船堀駅**徒步1分
🏠東京都江戶川區船堀4-1-1 入口在7樓
🕐9:00~21:30
🚫12/28~1/4,天候極度不佳時
💴免費
🌐www.towerhall.jp

見學體驗

風景展望

博物館

公園綠地

宗教聖地

假日市集

藝術鑑賞

知名地標

Key Points

⊙ 西新宿高樓群

⊙ 富士山名景

⊙ 日景夜景皆美

都廳展望台
東京免費夜景首選地

東京免費夜景哪裡找？就在西新宿的東京都廳！想要欣賞東京夜景、觀賞東京繁華的景象，就一定要來一趟202公尺高、位在45樓的東京都廳展望室。在超高樓層幾乎被辦公空間、飯店、收費展望臺和景觀餐廳佔據的東京，屬於政府單位的東京都廳，不但開放位於45樓的南、北兩處展望室，還規劃了專用電梯和引導人員，方便觀光客造訪。南北展望室能欣賞的風景稍有不同；大致上朝東北方向能看到晴空塔、東南方向是東京鐵塔、西南方向是西新宿的高樓群，西邊則是富士山的方向。南北展望室中，除了能免費欣賞東京美景，還附設義式餐廳和紀念品商店，滿足了旅行者可能的需求。登上都廳展望台，可以一望整個都心美景，不管白天或是晚上來，絕對都會讓人讚嘆！

東京都庁展望台
🚇 都營大江戶線**都庁前駅**直達，JR**新宿駅西口**徒步10分
🏠 東京都新宿區西新宿2-8-1
🕐 南展望室9:30~17:30
🚫 南展望室每月第1、第3個週二，12/29~1/3
💴 免費
🌐 www.yokoso.metro.tokyo.jp
❗ 北展望室因作為疫苗接種場地暫不開放

見學體驗

風景展望

博物館

公園綠地

宗教聖地

假日市集

藝術鑑賞

知名地標

FREE SPOT
in TOKYO

019

免預約／
0.5小時／無導覽

Key Points

◉ 紅蘿蔔塔高樓景色

◉ 俯瞰世田谷線電車

◉ 三軒茶屋

Carrot Tower 展望台

高空俯瞰世田谷線列車

位 在三軒茶屋駅相通的大樓Carrot Tower樓頂的展望室，是東京難得的免費展望台。展望台的入口位在2樓，搭上高速電梯直達26樓即可。展望台北東側可遠望東京都心，雖然較遠，但晴空塔與東京鐵塔能一次盡收眼底。這裡設置了咖啡廳，可以選個靠窗的位置坐下來好好欣賞景色；而西南邊則靠向低矮的住宅區，天氣好且能見度高時，還有機會看到富士山呢！東急世田谷線1999年起引進東急300系電車，每次列車由兩輛編成，而每台列車顏色都不一樣，共有10種顏色；由於世田谷線的鐵路就在底下，從展望台觀看列車進出站也十分有趣，來Carrot Tower展望台尋找心中的那抹顏色，也成了鐵道迷們的課題呢！

キャロットタワー展望ロビー

🚃 東急田園都市線**三軒茶屋駅**徒步1分
🏠 東京都世田谷區太子堂4-1-1 Carrot Tower 26F
🕐 9:30~23:00
🚫 每月第2個週三，12/31~1/1
💴 免費

020

免預約／
0.5小時／無導覽

Key Points

- 25樓展望室
- 東京晴空塔美景
- 透明電梯

文京Civic Center展望台

巨蛋城旁的免費觀景台

位 在東京巨蛋、小石川後樂園旁的文京區公所，在自家大樓的25樓開設了展望台，開放給一般民眾免費參觀。喜歡搜集各地印章的人也別忘了帶上自己的集印冊，在展望台東側櫃台也有原創印章給觀光客留作紀念。從1樓搭乘透明電梯直達25樓，以330度的視角一望東京都心景色；展望台東側能看見晴空塔，西北側則是池袋太陽城、西側的新宿高樓群、富士山、東京車站方向等，著名地標景點盡收眼底。南側的展望角度在餐廳裡，只要付費用餐便能欣賞。即便如此，比起東京都廳的展望台角度更廣，人潮也不那麼擁擠，開放時間也有到晚上，是十分推薦前來欣賞風景的私房景點。

文京シビックセンター展望ラウンジ

🚇地下鐵丸の内線・南北線**後樂園駅5出口**徒步1分，地下鐵三田線・大江戸線**春日駅**徒步1分

🏠東京都文京區春日1-16-21

🕐9:00～20:30

📅12/29～1/3，5月第三個週日

💴免費

🌐www.city.bunkyo.lg.jp/shisetsu/civiccenter/tenbo.html

見學體驗

風景展望

博物館

公園綠地

宗教聖地

假日市集

藝術鑑賞

知名地標

FREE SPOT
in TOKYO

021

免預約／
0.5小時／無導覽

Key Points

◉ 發財夢

◉ 樂透彩券開獎地

◉ 彩券原稿設計展

東京彩券之夢館
親自感受一億日元的重量

相信每個人都有做過中頭獎的美夢，在1981年成立的彩券之夢館，是全世界第一間專門展出彩券的展覽館。而日本人匠心獨具的性格也充份顯現在彩券的設計上，在這裡不僅能欣賞到歷代各種彩券的原稿設計，也可以與世界上其他國家的彩券相互比較。這裡更是日本彩券的開獎現場，可以親眼看到第一手的開獎結果、現場感受緊張刺激的氣氛。當然，彩券也可以現場購買，買好了之後就到設有座位區的開獎舞台前，祈禱中大獎的願望實現吧！此外，展場設有一億日元的重量體驗區，可以體驗一下中大獎的實際感受，甚至還有「中了大獎該怎麼辦」的影像教學！

東京宝くじドリーム館

🚇地下鐵銀座線**京橋駅**4、6出口徒步3分，都營淺草線**宝町駅** **A5・A6・A7出口**徒步3分

🏠東京都中央區京橋2-5-7

🕐10:00~19:30，週六10:00~18:00

📅週日、例假日、12/29~1/3

💰免費

🌐www.takarakuji-official.jp/dreamplace.html

❗現場開獎：每週五13:30，週一至週五18:45

Key Points

◉ 親子同遊

◉ 人民的保母

◉ 變身警察帥氣體驗

警用機「春風號」開放小朋友乘坐體驗，實際摸摸操縱桿，彷彿化身英雄般讓人熱血沸騰。

警察博物館
體驗帥氣制服下的責任與正義

警察博物館主打特殊模擬器等高科技IT設備，是結合了科技的力量，希望能帶給人們全新體驗的博物館。在這裡不僅能瞭解日本警察們的生活與實績，還能穿上警察制服，體驗一下活躍在各種案件之中的警察工作。不時還會舉辦如指紋採取體驗、巡邏車乘坐體驗等活動，讓一般民眾能更瞭解警察的執勤狀況。一進到入口處，便能看見帥氣的白色警用機車(本田VFR750P)以及警用直昇機「春風號」，若是帶著小孩，還能讓孩子換上警察制服一起合照。

館內一共分為六個樓層，在二樓設有許多非常具教育意義的互動式體驗，如110模擬通話、或自行車安全騎乘模擬器等，能夠透過這些模擬體驗在樂趣中學習安全防範的重要性。三樓充

Confirm in advance

真實案件
這裡也紀錄了自明治時代以來轟動社會的知名犯罪案件，許多曾被翻拍為電視劇或電影，部份出自當時的證物也一併展出，這樣近距離觀看案件證物的實感，不禁讓人更加感佩警察們的勇氣。

帥氣的警用車本田 VFR750P 載著警務人員穿梭在大街小巷，如今退役下來展示，不難想像警察騎乘時的帥氣身影。

滿了新奇的娛樂項目，主要為訓練「案件、事故的解決能力」，透過指紋或輪胎痕的採集來追查暗中躲藏的犯人，還能夠透過低、中、高級來調整難易度。在遊戲中快樂地體驗警察鑑定及辦案的過程，想必是讓人想逗留最久的樓層吧。而四樓及五樓的區域則展示著「守護者的現在和未來」，展出了警察歷代來的制服裝備、以及用影像方式介紹活躍在各種領域的警察工作。

ポリスミュージアム
📍地下鐵銀座線**京橋駅2出口**徒步2分，地下鐵有樂町線**銀座一丁目駅7出口**徒步4分
🏠東京都中央區京橋3-5-1
🕐9:30~16:00
🈺週一、年末年始
💴免費
🔗www.keishicho.metro.tokyo.lg.jp/about_mpd/welcome/welcome/museum_tour.html
❗直升機試乘現在暫停中

見學體驗

風景展望

博物館

公園綠地

宗教聖地

假日市集

藝術鑑賞

知名地標

免預約／
1小時／無導覽

◉ 親子同遊

◉ 2千冊繪本自由閱讀

◉ 老房子空間改造

星森繪本之家
親近宇宙、自然、文化的繪本遊戲館

由 三鷹市設置的星森繪本之家，是市府與國立天文台一同合作經營的設施。國立天文台境內一棟大正時代的日式老屋，曾是早期天文台職員的宿舍，現在則是以宇宙(星星、地球)、自然(森林、動植物)與文化(人、生活)三者為主題，選入共4千多冊的繪本，其中約2千冊展示在空間中供自由取閱，提供一個大人小孩都能盡情閱讀的公共空間，深受當地年輕父母的歡迎，不管平日或是假日，都可以看到帶著幼兒前來看繪本的家長，正與他們的

與一般書店不一樣的是，星森繪本之家營造的是一個像家的空間，不管是擺放沙發椅的轉角，還是充滿陽光的走廊，每一個角落都是能讓人感到自由溫馨的舒適空間。

見學體驗

風景展望

博物館

公園綠地

宗教聖地

假日市集

藝術鑑賞

知名地標

三鷹市星と森と絵本の家

🚇京王線**調布駅北口14號乘車處**搭乘【境91】、【鷹51】，或從JR中央線**三鷹駅南口5號乘車處**搭乘【鷹51】至**天文台前站**或**天文台裏站**下車即達

🏠東京都三鷹市大沢2-21-3 国立天文台内

🕙10:00~17:00

🚫週二、年末年始

💰免費

🌐https://www.city.mitaka.lg.jp/ehon/

孩子展開美好的閱讀時光。透過繪本，館方也期許兒童們的智能、好奇心與感受性能受到啟發，進而對宇宙、自然與藝術文化更有興趣。

因為主要客層為親子共遊，這裡也設置了互動遊戲、娃娃車、嬰兒睡床、哺乳室等，室內與戶外也都有飲食空間，不定期還會有各種天文、自然的活動講座。

除了繪本之外，老建築外有處庭園，寬廣的草皮適合孩子們盡情奔跑，不定期配合企劃，提供木工、手作活動，帶領孩子們一同認識森林與動植物。

免預約／
1小時／中文導覽

Key Points

◉ 親子同遊

◉ 天文研究資料

◉ 天文觀測建築群

天文台歷史館原為「大赤道儀室」，裡頭仍保存著造於西元1929年的65M折射望遠鏡，現在因為過於老朽無法使用，是國立天文台裡的象徵。

國立天文台
三鷹校區
浩瀚無垠的宇宙世界

位 在三鷹的國立天文台，同時是綜合研究大學的研究教育設施，東京大學的天文學教育研究中心、日本天文學會本部也都位在此處。日本從江戶時代後期便開始建造天文台，明治時代在麻布建造了東京天文台，主要是在觀測星象，測定經緯度等，爾後於大正13年(1924)將天文台遷移至三鷹，除了繼續研究星象外，現在更結合教育，成為教學與研究共構的機構。直至2000年時，國立天文台將部分區域開放給民眾參觀；一般參觀並不用

Confirm in advance

免費活動

◉ 除了靜態的見學之外，每月還會舉辦需要預約的活動：2次天體觀測會、4次「Mitaka」劇場；讓民眾親自使用50公分望遠鏡觀測星體，或是藉由3D劇場進入星體核心，了解宇宙空間論。只要事先至官網申請想參加的時段，即可免費參加。

◉ 若來不及預約，每到週末、例假日、暑假春假等連續假期的中午時段，天文台內最古老的觀測建物「第一赤道儀室」也會開放民眾使用20公分望遠鏡觀測太陽表面的黑子活動，不需預約，可千萬不要錯過。

見學體驗

風景展望

博物館

公園綠地

宗教聖地

假日市集

藝術鑑賞

知名地標

展示室裡以企畫、研究成果展示許多天文相關資料與縮小版模型，讓天文迷看得如痴如醉。

國立天文台入口處的守衛門古色古香，被登錄為國家有形文化財。

連接小赤道儀室與天文台歷史館的一段道路，被稱為太陽系之道，依各行星的距離縮小1／140億，設置解說牌，行走其間可以體感行星距離。

進入國文天文台，要先至警衛室登記，並將貼紙貼在身上明顯處。

預約，當日至入口處填寫基本資料即可。境內有三處設施被列為國家登錄有形文化財，一邊在古老建築群內散步，一邊觀賞當時最先進的巨大望遠鏡，令人讚嘆。

三鷹市星と森と絵本の家

国立天文台

神代植物公園

国立天文台三鷹キャンパス

🚉京王線調布駅北口14號乘車處搭乘【境91】、【鷹51】，或從JR中央線三鷹駅南口5號乘車處搭乘【鷹51】至天文台前站或天文台裏站下車即達

🏠東京都三鷹市大沢2-21-1

🕐10:00~17:00，食堂12:30~13:15，商店10:30~17:00

❌12/28~1/4

💰免費

🌐www.nao.ac.jp/about-naoj/organization/facilities/mitaka/visit.html

Key Points

⊙ 古貨幣

⊙ 歷史貨幣大全

⊙ 1億的重量

貨幣博物館
圓孔一窺金錢演進的歷史

從 古至今，金錢深深影響著人們的一生，而貨幣的形式與作法往往也反映了當時的經濟發展與生活習慣。是否有試想過，現在我們所使用的紙鈔，如果用同等價值換算在古代能夠買到哪些東西呢？在貨幣博物館，不僅能看到從古至今的貨幣收藏品，還能從貨幣當中瞭解歷史、其不同的功能甚至到社會階層的關係。貨幣博物館在1985年成立，其宗旨一來是為了紀念日本銀行創立一百周年，另外也是為了將館內三千種以上的錢幣收藏公諸於世，讓人們能夠更瞭解日本貨幣的發展史。

Confirm in advance

錢幣起源
錢幣最早可推回七世紀前半，日本為了與中國通商，主要都是使用中國的貨幣。當時的錢幣就已經開發出圓形的形狀，且中間有個方型的小孔。如果眼尖的人會發現，日本現在的錢幣中央都是圓孔，為何古時候大部份都是方孔呢？原因除了受中國鑄幣技術的影響外，其實也跟方圓之道有關。在古語中記載，天是圓、地是方，因此在圓中有方也代表著天與地的結合。

互動展示設計
館內許多展示品都是採自動化展示系統，只要在觸控式螢幕上一按，就會自動推出相對應的展示品，相當方便新穎。另外，實際體驗能用手感受一億日元的重量等，除了看得到還摸得著，參觀的感受更加具體。

日本自己的貨幣，可以見到時代劇中常見的大判、小判、分銅等實物。它們的鑄造技術也詳細地展示在側，黃金的色澤及精美的壓紋簡直像是藝術品一般。

©日本銀行貨幣博物館

第一次世界大戰後日本面臨經濟不景氣，隨後的東京大地震更讓經濟大受打擊，1927年日本金融恐慌，一時間大批人潮湧至銀行兌款，日本銀行因鈔券不足，省略紙鈔背面緊急印製「乙二百円裏白券」，大量發鈔以平定民心。

©日本銀行貨幣博物館

除了日本自身的貨幣，也有展出世界各國的珍奇收藏，可以一次看遍世界五大洲、各區域國家的紙鈔。

貨幣博物館

- 🚇地下鐵銀座線**三越前駅A5出口**徒步約2分、或地下鐵半藏門線**三越前駅B1出口**徒步1分
- 🏠東京都中央區日本橋本石町1-3-1
- 🕐9:30～16:30
- 🚫週一、12/29~1/4
- 💴免費
- 🌐www.imes.boj.or.jp/cm/index.html
- ❗入館前需要檢查行李，建議輕便就好。

見學體驗

風景展望

博物館

公園綠地

宗教聖地

假日市集

藝術鑑賞

知名地標

Key Points

◉ 世界珍奇貨幣郵票

◉ 日本鈔票演進史

◉ 防偽設計小遊戲

以鈔票的設計、製版、印刷技術、製紙技術等主題設置的各項展示也深入淺出地傳達知識，讓人更加認識鈔票與郵票的各項製程。

鈔票與郵票博物館
紙鈔與郵票的知識大觀園

明 治4年(1871)大藏省紙幣司創立，是現在日本國立印刷局的前身，除了可以事前上網預約至東京工廠見學(→P.22-23)之外，也可以來到慶祝國立印刷局開設100周年而設的「鈔票與郵票博物館」免費參觀。昭和46年(1971)在新宿市ヶ谷開設的鈔票與郵票博物館，展示著國立印刷局百年來累積的歷史文物，於平成23年(2011)移至現址，主要展示物為鈔票的演化歷史、國立印刷局的歷史，與鈔票、郵票、證券等由國立印刷局印製的各種製品。常設展示著海外各國搜羅而來的紙鈔、郵票，其中不少珍貴的版本，例如製造於1840年的世界第一張郵票「黑便士」、1871年日本發行的第一張郵票「竜文切手」、德國的皮製紙鈔、貝里斯的金箔製紙鈔、德國因為通貨膨脹而發行的一兆馬克紙鈔等，十分值得一看。館內能拍照的地方不多，如果想拍紀念照，可別錯過一億日幣的體驗區，實際捧起1億日幣感受其重量。

Confirm in advance
印鈔票印郵票，也印官報
另外也會發現，除了鈔票之外，被稱為「官報」用來布達政府指令的報紙，也是由國立印刷局來負則編輯、印刷與發行。來到這裡，不但可以知道此段歷史，還可以查閱歷史與近期的官報。

由國立印刷局收藏的「東京名所常磐橋內紙幣寮新建之圖」錦繪，重現初時樣貌。

針對紙鈔的防偽技術設置了許多互動區域，藉由動手觸碰更能了解原理，進而將防偽的概念活用在日常生活之中。

館內也收藏多國郵票，拿起發大鏡仔細看看，每國的郵票都有些微不同的設計哦！

お札と切手の博物館

- JR京浜東北線**王子駅中央口**・地下鐵南北線**王子駅1出口**徒步3分，都電荒川線**王子駅前**徒步3分
- 東京都北區王子1-6-1
- 9:30~17:00
- 週一(遇假日順延)、年末年始
- 免費
- www.npb.go.jp/ja/museum

見學體驗

風景展望

博物館

公園綠地

宗教聖地

假日市集

藝術鑑賞

知名地標

免預約／
0.5小時／無導覽

Key Points

◉ 寄生蟲標本展

◉ 珍貴手稿

◉ 限定商品

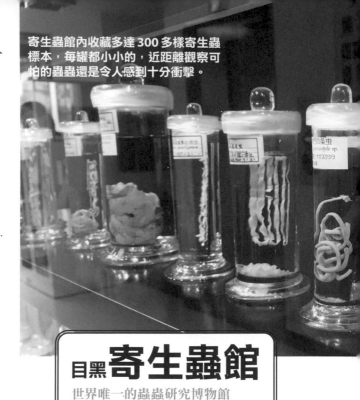

寄生蟲館內收藏多達300多樣寄生蟲標本，每罐都小小的，近距離觀察可怕的蟲蟲還是令人感到十分衝擊。

目黑寄生蟲館
世界唯一的蟲蟲研究博物館

早 在1953年便開放的目黑寄生蟲館，由醫學博士龜谷了創立，展示著日本海內外，共約300多樣寄生蟲的標本與相關的資料。一進到寄生蟲館，能先了解寄生蟲的整體概念；目前世界上發現的寄生蟲約有7萬多種，藉由標本能更清楚一探寄生蟲的真面目。來到2樓，展示著寄生蟲的生命、寄生環境等，特別針對會寄生在人體內的寄生蟲做深入介紹，連從哪裡進入、微小蟲卵與成蟲的差別、研究手稿等，讓人留下十分深刻的印象。其實不要覺得可怕，來到這裡可以正面認識寄生蟲，進而了解、預防其對我們日常生活中所帶來的危害。這是一所私人的博物館，雖然開放免費參觀，平日並沒有工作人員常駐，但動線規劃清楚且空間不大，自由參觀不是問題。

Confirm in advance

寄生蟲館的創立
你知道在我們的生活中，其實存在著許許多多的寄生蟲嗎？早期因衛生條件尚差，人體內普遍還有寄生蟲(例如蛔蟲)存在著，在目黑開業執教的龜谷博士為了讓人們更了解寄生蟲，將他對寄生蟲的研究成果公開於此，並於1957年受到政府認可成立法人。

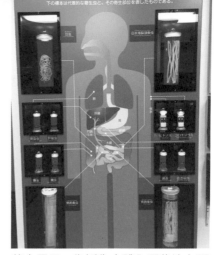

藉由展示，靠訴你人體內哪些地方可能會有的寄生蟲，期望世人能正面看待、預防。

在2樓還有紀念品販賣區，印上研究人員手繪的寄生蟲T恤十分特別，想找怪奇的伴手禮送給朋友，這裡一定不會讓人失望。

由於博物館並無其它收入，也不願因設了門票這道門檻而降低民眾參觀意願，為了營運與研究，館方還是希望民眾若有餘力可以自由捐款。

目黒寄生虫館
🚃JR山手線・東急目黑線・地下鐵南北線・都營三田線**目黑駅西口**徒步約12分
🏠東京都目黑區下目黑4-1-1
🕙10:00~17:00
📅週一、二(遇假日順延)、年末年始
💴免費
🌐www.kiseichu.org
❗6人以上團體須事先預約

見學體驗

風景展望

博物館

公園綠地

宗教聖地

假日市集

藝術鑑賞

知名地標

63

免預約／
1小時／無導覽

Key Points

◉ 天氣主播換你當

◉ 晨間劇大河劇大全集

◉ 日本廣播電視史

NHK
放送博物館
世界第一個傳播媒體博物館

西元1956年以「放送的故鄉·愛宕山」之名開館，發展至今，館內展示著日本的放送歷史，從聲音廣播開始，發展至電視影像，甚至現在還有衛星傳輸、數位播放等，在NHK放送博物館內，便可以看見整個歷史的演進過程，與相關的各項文物。博物館1樓展示著NHK的歷史演進圖，並有早期的文物展覽。來到互動區可以自己錄製一段影像，了解廣播、影像傳至各家各戶的情況。來到二、三樓，則有NHK歷代的節目展示，NHK大河劇、晨間劇等，你

整面懷舊的播音設施陳列在迎賓口訴說過往，這可都是 NHK 實際使用過的老東西，開放給民眾拍照留念。

Confirm in advance

NHK的歷史
NHK是日本放送協會(Nippon Hoso Kyoka)的英文縮寫，成立的主要宗旨便是以公共目的為日本全國提供廣播、電視節目的播放服務。「放送」，在日文中指的是廣播節目、電視節目的「播出」。1925年3月，於芝浦發出日本廣播的第一聲，由當時的初代總理後藤新平向民眾強調落實廣播的決心；同年7月，於東京愛宕山開設東京放送局(NHK前身)，開始常態性的廣播節目，於是愛宕山也有日本「放送的故鄉」之美名，這也是為何NHK放送博物館會建在此處的原因。

見學體驗

風景展望

博物館

公園綠地

宗教聖地

假日市集

藝術鑑賞

知名地標

NHK放送博物館
- 地下鐵日谷線**神谷町駅3出口**徒步8分，都營三田線**御成門駅A5出口**徒步10分，地下鐵銀座線**虎ノ門駅1出口**徒步13分
- 東京都港區愛宕2-1-1
- 10:00~16:30
- 週一 (遇假日順延)、年末年始
- 免費
- www.nhk.or.jp/museum/

可以看到第一部到最近一部的所有介紹與影像，十分珍貴。當然，大家熟悉的兒童節目、益智節目等也都有展示。另外最推薦的則是二樓的主播台體驗，電視新聞主播如何看稿、氣象主播站在藍幕前如何指揮、為何電視影像會有豐富動畫等，由實際體驗來增加電視台幕後小知識。

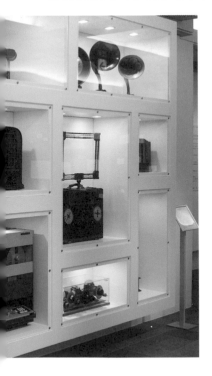

來到二樓，坐上模擬乙天新聞主播台，讓你實際體驗主播在播報新聞時是如何看稿、唸稿。

常設展有大河劇、晨間劇的展示，不定期更換的展品中，以劇本最為珍貴。採訪時正好「阿信」的劇本展示中。

Key Points

- 鐵之處女
- 考古學資料展示
- 日本工藝

考古學相關展是明治大學博物館的強項，復原的古墳陶偶更是人氣拍照景點。

明治大學博物館
刑事展覽引爆話題熱議

位在近代教育發祥地湯島聖堂附近，明治大學亦肩負使命，在校園內設置了免費參觀的明治大學博物館，常設展可以分為四個展示部門：明治大學歷史展、工藝商品相關展、考古學相關展、刑事相關展。其中最受注目的，便是考古學相關展與刑事相關展了。曾有一段時間，日本的考古學界認定日本並沒有舊石器石代，明治大學在群馬縣發掘岩宿遺跡，發現以黑曜石打造的石器並推翻了此一學說後，明治大學在日本的考古學界便一直佔有一席之地；這裡展示著日本考古學的發展歷程，並不定期更新，將最新的研究成果展覽在世人面前。另外，近年來引發熱議的「刑事展覽」，以人權自由為核心，展示日本海內外的古今行刑具；從江戶時代的罪刑、拷問等，到歐洲的各種少見刑具，都訴說著人類史那一段黑暗的過去，館方希望透過這樣的展示，能讓人們反思，進而理解尊重人權的重要性。

館內刑事相關展，展示了西洋斷頭台與被稱為「鐵之處女」的刑具。

江戶時代對農人、商人多有約束，這幅五拾五箇条正説明當時商人買賣與應對的 55 個法令。

江戶時代所使用的手銬

明治大学博物館

📍JR中央総武線**御茶ノ水駅御茶ノ水橋口**徒步5分，地下鐵丸の内線**御茶ノ水駅**徒步8分，地下鐵千代田線**新御茶ノ水駅**徒步8分，地下鐵新宿線・三田線**神保町駅A5出口**徒步10分

🏠東京都千代田區神田駿河台1-1 Academy Common B1~B2

🕐週一~週五10:00~17:00，除8/1~9/19的週六不開放，其餘週六10:00~16:00

🈺週日、例假日、創業記念祝日11/1、創業記念日1/17、夏季8/10~8/16、冬季12/26~1/7(夏冬季休館每年不一，以官方公告為準)

💴免費　🕸www.meiji.ac.jp/museum/

見學體驗

風景展望

博物館

公園綠地

宗教聖地

假日市集

藝術鑑賞

知名地標

Key Points

- 動畫原理
- 聲優配音體驗
- 自己動手做動畫

杉並動畫博物館

實際體驗動畫的製作過程

來 到位在3樓的杉並動畫博物館，主要以日本動畫的歷史、製作原理、進化中的動畫等主題，展示許多互動體驗，當然文物展示，像是作家的工作桌、動畫的人形等，讓每一個動畫迷都過足了癮。接著踏上階梯，來到中三樓，這裡每年依最流行、有代表性的動畫而更換展示，一年約有4次，另外也有上映特別版動畫的劇院，讓人直接感受動畫的魅力。若對親手製作動畫有興趣的人，可不要錯過位在4樓的動畫工房，由工作人員指導，手繪出多張連環漫畫，利用翻動的方式了解動畫最基本的運作模式。

小小的兩層樓空間裡，不只聚集了來自日本各地的動畫

Confirm in advance

動漫迷朝聖必看

一入場便被櫃台後滿滿簽名的大圓柱吸引。原本是全白的柱子，隨著愈來愈多動漫作者、導演、聲優的造訪，漸漸佈滿了簽名與插畫，像是人氣漫畫家蛭子能收、動畫哆啦A夢的畫家渡辺步等也都曾經造訪，光是尋找喜愛的作家的簽名，就已經讓動漫迷興奮不已。

博物館內重現動畫導演的工作桌，四張桌子一字排開，可以看出每位導演工作習慣的不同，想像動畫製作過程中的樣子。

見學體驗

風景展望

博物館

公園綠地

宗教聖地

假日市集

藝術鑑賞

知名地標

杉並アニメーションミュージアム

🚌JR中央線・地下鐵丸の内線**荻窪駅北口0號・1號乘車處**的
公車，至**荻窪警察署前站**下車徒步2分，JR中央線**西荻窪駅
北口3號乘車處**的公車，至**荻窪警察署前站**下車徒步2分

🏠東京都杉並區上荻3-29-5 杉並會館3F

🕐10:00~18:00

📅週一 (遇假日順延)，12/28~1/4

💰免費

🌐sam.or.jp

迷，也是東京人假日親子同遊的好去處。而館方貼心準備
了中、英、韓的導覽手冊，不只如此，許多互動遊戲還有
中文語音可以選擇，讓不懂日文的人也能更加融入動畫
的世界，經由視覺、聽覺、體驗三方面，發掘屬於自己的
動畫樂趣。

來到中三樓的企劃展區，特別搭設
的舞台以美少女偶像動畫「偶像學
園アイカツ」為主題，每年更換四
次，讓你下次造訪時也有別的驚喜。

館內也展示許多動漫模型，新世紀
福音戰士EVA的三位主角立像吸
引大批粉絲前來留念。

常設展以日本動漫的發展史為
主題，透過年表、影像、展示
物介紹，簡單明瞭。

櫃台後的大圓柱有許多動漫作
家、導演的簽名，說不定你的
偶像也曾經造訪過這裡哦！

預約制／
1小時／無導覽

◉ 經典電視CM

◉ 平面海報設計

◉ 日本廣告史

東京廣告博物館

廣告人必見寶庫

你 知道，從江戶時代就有SNS、CM的概念了嗎？簡稱 ADMT的東京廣告博物館（Advertising Museum Tokyo）是日本第一個廣告資料館，於2002年慶祝電通第4代社長吉田秀雄誕生100年而設立，就位在電通本社鄰棟的Caretta汐留，免費開放參觀。博物館內完整介紹從江戶時代到現在的廣告發展史。喜歡懷舊物品的人，來到廣告博物館，除了可以看到實際的物品展出外，最特別的是可以藉由電腦回顧日本的各種古老廣告CM，復古懷舊的風情讓人彷彿穿越時光，回到過去。約1200平方公尺的兩層樓空間包含廣告圖書館、展示中心和視聽教室，超過3萬冊的廣告專門用書，橫跨百年的廣告資料和作品全都電腦化，可以自由檢索閱覽。

アド・ミュージアム東京

🚃JR**新橋駅汐留口**徒步5分，地下鐵銀座線**新橋駅2出口**徒步8分，都營淺草線**新橋駅A2出口**徒步4分，都營大江戶線**汐留駅新橋方面出口**徒步1分

🏠東京都港區東新橋1-8-2 Caretta汐留B2

🕐週二~週六12:00~18:00

🚫週日、一(遇假日順延)

💴免費

🌐www.admt.jp

見學體驗

風景展望

博物館

公園綠地

宗教聖地

假日市集

藝術鑑賞

知名地標

FREE SPOT
in TOKYO

032

免預約／
0.5小時／無導覽

Key Points

◉ 地方工藝與考古

◉ 古民家見學

◉ 都心小散步

世田谷區立
鄉土資料館
大場家代官屋敷歷史遺跡

世田谷區立鄉土資料館是東京都23區中,第一座地域性博物館,於昭和39年(1964)開幕,本館建築由前川國男設計,展示著世田谷地區的考古資料、民俗資料、古文書、繪畫等。爾後因為館藏增加,於昭和62年(1987)再蓋了新館,營運至今已經超過50個年頭。另外,不定期舉辦的企畫展也讓人可以免費鑑賞,館區內還有閱覽室、影片觀賞區,館藏充實且豐富。資料館現址位在舊彥根藩世田谷領代官‧大場家,主屋與表門充分展現近世中期的上流民家,也是都內唯一留存的代官屋敷,讓這棟茅葺房舍也早被指定為東京都史跡。來到這裡,除了現代的博物館外,也能看到早期民家建築,是個散步的好去處。

世田谷区立郷土資料館
🚃東急世田谷線**上町駅**徒步5分
🏠東京都世田谷區世田谷1-29-18
🕐9:00~16:30
🚫週一、例假日、12/29~1/3
💴免費
🔗https://www.city.setagaya.lg.jp/mokuji/kusei/012/011/002/d00138265.html

免預約／
1小時／無導覽

Key Points

◉ 水之劇場　◉ 玩水　◉ 親子同遊

水的科學館

跟著水滴來場小冒險

挑高的中庭建築 1 樓以水之公園為主題，設置了許多玩水道具，小朋友都擠在這裡玩噴水槍，或是鑽入水下的防護罩，享受被水潑灑的刺激感。

Confirm in advance

AQUA TURE
位在水的科學館地下，是現在仍在運作中的「有明給水所」，跟著解說人員一同深入地下，了解都市中的水是如何供給，也能親眼看到實際的運作情形。

◎每日時間不定，可於造訪時先詢問櫃台。

2樓以實驗室為主題，藉由各種小實驗，帶人認識水的各種特性。

不只能夠親自動手玩，每天不定時還會舉辦小教室，在工作人員帶領下實際來場水的科學實驗。

現 在生活中打開水龍頭便有乾淨的水流出來，但你知道，你正在使用的水，是怎麼流到你手上的嗎？來到位在台場旁的水的科學館，就能輕鬆了解水資源的各種小知識。位在有明給水所之上，三層樓的空間，藉由展示、實驗空間，與簡單明瞭的各項體驗設施，不管大人小孩都能沉浸在快樂的學習環境裡。另外，絕對不要錯過位在3樓的劇場，以水的旅程為主題，影片講述從雨滴、河流、地下水、淨水場到各家各戶的水管，我們隨手可得的水可是經由長長的旅程才能到達我們身邊，其實是十分珍貴的資源。值得一提的是，劇場設計不只有正面螢幕，兩側與頭頂也都是螢幕，坐上柔軟的沙發躺椅，抬頭欣賞影片時，不論是下雨、進入下水道等畫面都充滿魄力，讓人彷彿身臨其境。

全館以水為主題貫穿，軟硬體皆設計得很不錯，不但是東京人假日攜家帶眷、能夠寓教於樂、教導孩子認識水資源的好去處，同時也是帶領人們認識水資源，進而珍惜水資源的第一步。

東京都水の科学館
🚃ゆりかもめ線(百合海鷗號)**東京ビッグサイト駅**徒步8分，りんかい線(臨海線)**国際展示場駅**徒步8分
🏠東京都江東區有明3-1-8
🕘9:30~17:00
❌週一(遇假日順延)，12/28~1/4
💴免費
🌐www.mizunokagaku.jp

館藏中最特別的，是江戶時代的木製自來水管「木樋」，由於置放於水溝之下，為了怕污水漏入木樋內，上蓋的設計也下了不少工夫。

Key Points

◉ 中文語音導覽機

◉ 玉川上水

◉ 東京近代水利系統

東京都 水道歷史館
四百年自來水道史

東 京水道局（自來水公司）經營的水道歷史館，展示的是東京都內由江戶時代到現代400年的自來水道歷史。縱觀世界歷史，有河流貫穿的城市都會發展得特別快速，可見水資源對人類文明的發展影響有多大；而一座城市的發展，水的利用當然也十分可觀，作為日本最大城市，東京從江戶時代起便有一系列建設，其中發展完整的自來水道從現在的角度來看雖不夠完善，但也打下現代建設的基礎。歷史館的展示分為三層樓，分別講述東京地下水道的近代與江戶時期的歷史。在附近，還有神田上水、玉川上水兩處從江戶時代留存至今的水道遺跡，從車站走來歷史館的路上可別錯過了。

Confirm in advance

中文語音導覽
不想走馬看花，那就到櫃台借一台語音導覽吧！這台免費出借的語音導覽有日、中、英、韓四種語言，對應展示說明上的數字即可收聽講解。

東京都水道歷史館

- 地下鐵丸の内線・JR中央総武線**御茶ノ水駅**徒歩約8分，JR中央総武線・都營三田線**水道橋駅**徒歩約8分，地下鐵丸の内線・大江戶線**本郷三丁目駅**徒歩約8分
- 東京都文京區本郷2-7-1
- 9:30~17:00
- 第4個週一 (遇假日順延)，12/28~1/4
- 免費
- www.suidorekishi.jp

見學體驗

風景展望

博物館

公園綠地

宗教聖地

假日市集

藝術鑑賞

知名地標

參 • 觀 • 重 • 點

1 1樓

以明治時期的近代水道與現代最新水道科技為主題。藉由實際的水管文物，與模型再現、影像資料等，完整呈現東京近代的自來水道歷史。

2 2樓

濃濃的江戶風情裡以江戶上水為主題，展示江戶時代民生用水的各種設備。另外值得一看的還有一部由幕府所編纂的《上水記》，記載著神田上水、玉川上水的建設記錄，是十分貴重的自來水史料，也是東京都指定的有形文化財。

收藏與自來水道、江戶相關的各類書籍的圖書館，供自由閱覽。

3 3樓

©東京都水道歷史館

Key Points

◉ 兩國國技館

◉ 歷代橫綱介紹

◉ 相撲力士

相撲博物館
大相撲的熱烈氣氛

兩國是日本國粹「相撲」的故鄉，想要有個江戶下町風格的東京之旅，除了淺草外，兩國也是另一個選擇。JR兩國站內懸掛著巨幅相撲選手畫像；車站外的人行道上，也有著成排的相撲選手造型銅像；相撲是日本獨有的運動，在東京要看相撲，就是這兒了。每年固定舉辦的6次大相撲之中，1月(初場所)、5月(夏場所)、9月(秋場所)都是在兩國國技館舉辦，也是這兒最熱鬧的時刻。而平時沒有比賽的時候，也可以來這裡參觀相撲博物館，雖然小小的，但展示著與相撲有關的資料，像是錦繪、排名和化粧迴等，一年約會更換6次展覽，喜愛日本傳統國技的朋友千萬不能錯過。

相撲博物館

🚃JR総武線**両国駅**西口徒步1分，都營大江戶線**両国駅**A4出口徒步5分

🏠東京都墨田區橫網1-3-28 両国國技館1F

🕐12:30~16:00

🚫週末、例假日(遇東京本場時開館)，建議可於官網再確認

💴免費，若在東京本場時需入場券

🌐https://www.sumo.or.jp/KokugikanSumoMuseum/#

免預約／
0.5小時／無導覽

Key Points

◎ 關東大震災

◎ 震災相關油畫

◎ 東京都慰靈堂

東京都 復興記念館

大時代的天災復興之路

西元1923年9月1日，一陣天搖地動，地震引發關東地區大火，許多人因此而罹難。震後官方與民間合力建造了東京都復興記念館，就是為了要讓後世了解關東大震災的慘況。現在館內1樓展出震災資料，2樓中央畫室則有多幅震災相關繪畫，更有各地的復興模型與二次大戰的空襲資料等。而公園所在處的橫網町公園在整頓為公園之際，剛好遇到關東大震災(1923年)，為了緬懷在地震之中喪命的人們，震後邁向復興之時，由建築家伊東忠太設計了三重塔與慰靈堂，並在正式開園之後(1931年)建造復興記念館。而後來再經歷過第二次世界大戰的東京空襲事件，為了紀念逝去的人們，現在也能在公園中見到東京空襲犧牲者的追悼和平祈念碑。

東京都復興記念館

🚃都營大江戶線**両国駅A1出口**徒步2分，JR総武線**両国駅西口**徒步10分

🏠東京都墨田區橫網2-3-25橫網町公園內

🕘9:00~17:00(最後入館16:30)

🚫週一(遇假順延)，12/29~1/3

💴免費

🌐https://tokyoireikyoukai.or.jp/museum/history.html

見學體驗

風景展望

博物館

公園綠地

宗教聖地

假日市集

藝術鑑賞

知名地標

免預約／
0.5小時／無導覽

Key Points

◉ 辰野金吾風格建築

◉ 日式英倫風情

◉ 一八九四年代

三菱一號館
歷史資料室
紅磚古跡重建之路

三菱一號館落成於1894年，由日本政府招聘來日的英國設計師Josiah Conder所設計，他同時也是辰野金吾的老師，所以三菱一號館與東京車站丸之內驛舍的風格十分相仿，皆脫胎自英國安妮女王時期的建築風格；紅磚與花崗岩構成的牆面充滿古典的均衡美感，當時是三菱合資會社（三菱東京UFJ銀行前身）的銀行部，而在1968年被拆除，2007開始著手重建，在經過了四十多個年頭，雖然並非歷史建築，但卻是依據1894年時豎立於原基地的三菱事務所設計圖，一磚一瓦都經過詳細考證後重建而成，在丸之內形成一片新舊共存的特殊風情。來到資料室，重現當時事務所的空間中可以看到許多復原的文書資料、上班族的服裝等，讓人重見1894年的時代風華。

三菱一号館歷史資料室

🚃JR**東京駅丸之內南口**徒步5分，地下鐵千代田線**二重橋前駅**徒步3分

🏠東京都千代田區丸之內2-6-2 三菱一号館美術館1F

🕐10:00~18:00

🈺週一（遇假順延），12/29~1/3

💴免費

🌐mimt.jp/museum/history/

見學體驗

風景展望

博物館

公園綠地

宗教聖地

假日市集

藝術鑑賞

知名地標

REE SPOT
in TOKYO

038

免預約／
0.5小時／無導覽

Key Points

◉ 舊美軍司令部

◉ 可室內參觀

◉ 古典主義建築傑作

明治生命館
古典柱式歷史建築

在 東京車站南面的丸之內地區，很難不去注意到建築造型優雅的厚重石造建築，明治生命館。建於1934年的建築，由岡田信一郎設計，被譽為當時古典主義建築的傑作，並在1997年被指定為重要文化財；建築本身則曾作為二戰後美軍司令部使用，目前則是安田生命的本社。現在提供訪客使用手機收聽關於明治生命館歷史與建築魅力的日義語音導覽，來到這棟充滿歷史價值的古老建物裡，在欣賞建築之餘，還可以透過資料展示，更了解建築的設計和歷史故事。2022年起，原位於世田谷的靜嘉堂文庫美術館遷移至明治生命館1樓，館內收藏6000多件東洋古美術品，在充滿洋風近代感的建築內欣賞別有一番趣味。

明治生命館
🚃JR**東京駅丸之內南口**徒歩5分，地下鐵千代田線**二重橋前駅 3出口**直通，JR**有楽町駅国際フォーラム口**徒歩5分
🏠東京千代田區丸之內2-1-1
🕐9:30~19:00
🚫12/31~1/3
🌐https://www.meijiyasuda.co.jp/profile/meiji-seimeikan/

Key Points

⊙ 日本設計

⊙ 文房四寶

⊙ 戰國武將之筆

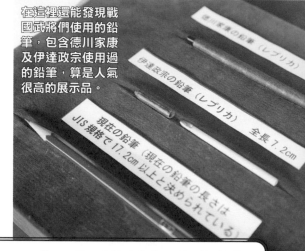

在這裡還能發現戰國武將們使用的鉛筆，包含德川家康及伊達政宗使用過的鉛筆，算是人氣很高的展示品。

日本文具資料館
感受古老文具散發的溫厚氣質

從淺草橋步行幾分鐘，即可抵達日本文具資料館。入口處沒有太顯眼的招牌，從大樓的一樓進入館內，環境低調幽靜，展示出的古董文具散發著溫雅的韻味。日本人自古以來重視書法，一進門首先能欣賞到的便是硯台。這些大多為來自中國的古硯，超過四百年的文物不在少數，精緻的雕刻上散發著亮麗的墨輝。有硯台、當然就有筆了，超過百款的毛筆收藏之外，還展示了170公分的超大型毛筆，比掃把還要長。然而，距今歷史最為悠久、也是人類史上最古老的筆類文具實為羽毛筆。本館展出了誕生於5世紀時期產自歐洲的羽毛筆，不論是筆管還是毛束纖維都保留地相當完整。

除了寫字工具，也有許多紙製品的展示。其中包含了筆記本(手帳)、可以見到明治到昭和時期的各種手帳款式，復古味十足，此外，這裡珍藏的計算機及打字機也是一大亮點，從各種規格的算盤到早期的機械式計算機，樣式相當多。當中還包含了義大利製的Olivetti經典打字機，絕對能讓復古機械迷們一飽眼福。如果是文具迷，十分推薦日本文具資料館做為行程景點，或許能從這些老工具中，與古代文人有所共鳴呢。

見學體驗

風景展望

博物館

公園綠地

宗教聖地

假日市集

藝術鑑賞

知名地標

館內展示早期掛在店頭的文具廣告看板，充滿懷舊風情。

除了古代的筆之外，亦收藏不少近代的鋼筆、原字筆、麥克筆等，經典設計更是讓人津津樂道。

計算機與打字機也被認為是文具的一種，館內收藏17世紀末至19世紀不少難得一見的機型。

館內收藏各式各樣的墨水，光是形式就分為書記用、印章用、印刷用、染色用、顏料與混合型等多種，讓人看得眼花撩亂。

來自海外的鋼筆與鋼筆的頭，也是收藏一大亮點。

日本文具資料館

🚃JR總武線**淺草橋駅東口**，或都營地下鐵**淺草橋駅A1出口**徒步5分

🏠東京都台東區柳橋1-1-15　東京文具販賣健康保險組合會館1F

🕐13:00~16:00

❌週末例假日、12/28~1/5

💰免費

🌐www.nihon-bungu-shiryoukan.com

免預約／
0.5小時／無導覽

Key Points

◎ 高尾山前導站

◎ 現代極簡風格

◎ NATURE WALL光雕秀

極簡空間中展示高尾山上的棲息生物，16處展示桌台裡用樹脂保存起來的鮮花、昆蟲標本等，將高尾山的一年四季封存起來。

TAKAO 599 MUSEUM
遇到前所未見的高尾山

高尾山標高599公尺，比起有名的富士山、白根山等並不算高，但因為藥王院(→P.124-125)而成為世界上最多人造訪的一座山，具有深厚人文與豐富的動植物生態，博物館以高尾山的高度為名，更期望貼近地方，以另一視野帶領人們進入聖山領域。許多人會來高尾山登山健行，出發前不妨也順道來趟TAKAO 599 MUSEUM吧！館內以高尾山為主題，在極簡的硬體設置下，為了傳遞高尾山的魅力、未來以及各種資訊，在軟體方面下了極大工夫，除了將原本的東京高尾自然科學博物館改建成現狀，還結合599 CAFE、599 SHOP與有廣大草皮的戶外廣場，提供一個可以好好放鬆休息的天地，不管是登山觀光前後、親子同遊，來到這裡都可以感到大大滿足。

見學體驗

風景展望

博物館

公園綠地

宗教聖地

假日市集

藝術鑑賞

知名地標

TAKAO 599 MUSEUM

- 🚉 京王線**高尾山口駅**徒步4分
- 🏠 東京都八王子市高尾町2435-3
- 🕐 4~11月8:00~17:00，12~3月8:00~16:00
- 🚫 不定休，詳洽官網
- 💴 免費
- 🌐 www.takao599museum.jp

参 ◦ 觀 ◦ 重 ◦ 點

① NATURE WALL

來到這裡，絕不能錯過的是 NATURE WALL 上以山毛櫸為中心的高尾山光雕秀，在四周綴上森林動物標本，讓人體會當地的自然循環，嘆為觀止。

▼ 每個整點播放一次，長達 8 分鐘的光雕投影秀帶出高尾山的日夜、四季之美。

② 599 GUIDE

599 GUIDE

⑤

將高尾山的情報分為三大主題：山林禮儀、登山路線與高尾山的小秘密，結合最新科技，分享遊玩高尾山的愉快經驗與實用情報，是造訪高尾山前的知識充電站。

③ NATURE COLLECTION

展示桌台裡用樹脂保存起來的昆蟲標本

Key Points

◉ 縮小版眾議院議會

◉ 尾崎行雄紀念館

◉ 日本近代憲政資料

眾議院 憲政紀念館
強而有力的歷史時刻

對 近代民主有興趣的人，除了實際進入國會議事堂參加見學導覽（→參議院見學30-31）之外，也可以來到附近的眾議院憲政紀念館，參觀靜態的展覽。

1960年時為了紀念對日本憲政有極大貢獻的尾崎行雄，尾崎行雄紀念財團在此建立了紀念館，來到1970年，為了紀念日本議會政治誕生80周年，該財團將紀念館捐贈給眾議院，並搜集憲政相關文物資料，擴大展示內容，合併成為現在看到的憲政紀念館。當然，館藏最豐富的，還是各種跟憲政相關的史料展示，像是議會時的速記筆記本、議長演說時的原稿、錄音等等，每一樣都代表著日本憲政歷史的進步過程。來到2樓，也會有不同主題的企劃展示，著眼於戰爭、政治等面向，將強而有力的歷史時刻展示在世人面前。

館內展示眾議院本議會的縮小模型，即使沒有進入國會參觀，也能一窺議會樣貌。

Confirm in advance

日本憲政之父
尾崎行雄從日本議會政治的黎明期至戰後，一直以眾議院議員的身份推動日本政治向前，留下當選最多次、出席議會最多次、最高齡議員等記錄，被世人稱為憲政之神、憲政之父。一進入紀念館，最先看到便是尾崎行雄的銅像，1樓也有其相關史料與遺物的展示。

為了讓一般大眾更親近議會政治，館內也重現了眾議院議會的場景，讓人可以坐坐旁聽席、看看議會內的真實情況。

企劃展會依主題展示文物，法庭上的素描最為人津津樂道。

為了方便書記官做筆記，而將常用字體簡化，發展出一套速記規則。雖然現在錄音錄影等儀器發達，但日本國會仍維持傳統，以速記來製作會議記錄。

見學體驗

風景展望

博物館

公園綠地

宗教聖地

假日市集

藝術鑑賞

知名地標

眾議院憲政記念館

🚇 地下鐵有楽町線・半蔵門線・南北線**永田町駅2出口**徒步5分，地下鐵丸の内線・千代田線**国会議事堂前駅2出口**徒步7分

🏠 東京都千代田區永田町1-8-1

🕐 9:30~17:00

🚫 每月最後一天，12/28~1/4

💰 免費

🌐 www.shugiin.go.jp/internet/itdb_annai.nsf/html/statics/kensei/kensei.htm

Key Points

- 親子同遊
- 變裝小小消防員
- 實際坐上消防車

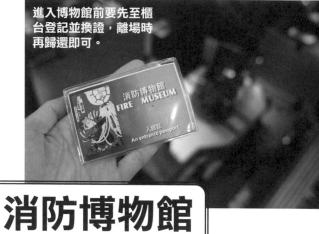

進入博物館前要先至櫃台登記並換證，離場時再歸還即可。

消防博物館
變身打火英雄

位 在四谷消防署裡的消防博物館，從地下1樓至地上10樓，除了2、8、9樓作為辦公室外，其它樓層都可以自由參觀。B1有多台復古消防車，是每個孩子的最愛，抬頭向上看，可以看到與1樓連通的挑高空間吊掛著消防直升機，這可是貨真價實，至昭和57年都還在服役的呢！3至5樓為消防歷史的展示，6至7樓為企劃展示室與圖書室、10樓則是飲食空間與觀景台，天晴時還有機會看到富士山呢！每一層樓的面積雖然不大，但由於樓層眾多，建議可以搭電梯到5樓，再依順序向下逛。不要以為免費景點都沒什麼好看的，超豐富的展示內容，與針對兒童設計的多種互動遊戲，還有小朋友的消防員體驗大變身，如果是親子同遊最好預留多一點時間，以免太好玩了小朋友賴著不想走。

不只小朋友，大人也可以實際坐上消防用直升機，感受翱翔天際的快意。

消防博物館

🚇地下鐵丸の内線**四谷三丁目駅2出口**直通，JR中央本線**信濃町駅・四ツ谷駅**各徒步12分

🏠東京都新宿區四谷3-10

🕐9:30~17:00

❌週一(遇假日順延)，12/29~1/3

💰免費

🌐www.tfd.metro.tokyo.lg.jp/hp-hkkan/museum.html

❗進館參觀時需至櫃台領取識別證，離開時歸還即可。

參·觀·重·點

1 5樓

入口處有可愛模型配合螢幕播放的卡通，教導孩童們遇到火災時該如何逃生。另外像是消防員如何救助災民，有什麼裝備、什麼工具等，都是展示的重點。

這裡的展示對小孩來說比較難，是以江戶時期人們如何滅火為主軸，不過戶外有台消防直升機，可以自由乘坐，深受小朋友喜愛。

3 3樓

2 4樓

以消防車的變遷為主題，展示著從大正6年以來引進的消防車，鮮紅色車身、復古的造型，有的還開放給人實際乘坐拍照。

以消防的變遷為主題，從明治時代到大正、昭和年間的消防方式至近代消防，展示鉅細靡遺。

4 B1樓

FREE SPOT
in TOKYO

043

免預約／
1小時／無導覽

Key Points

◉ 影片講解

◉ 試飲一杯一百円起

◉ 日本酒大觀園

日本酒情報館
日本酒種類齊全

日本酒，一般指我們俗稱的清酒，由米釀造而成，產地氣候、水質、米的品種與釀酒職人都會影響成品，各地的清酒也各有特色。日本酒情報館，收集了與日本酒相關的各種情報，像是各酒藏的品牌銘酒、各地與酒相關的活動資料，來到這裡都能找到。另外，在館內的兩側牆面，展示著來自日本全國各地的特色酒器，光是欣賞美麗的工藝文化就令人陶醉不已。除了靜態展示，在牆上的大投影螢幕也以日、英字幕說明日本酒的製程與美味關鍵，是可以吸收到日本酒知識的好地方。

Confirm in advance

日本酒付費試喝
來到這裡最不能錯過的便是試喝各類清酒；大吟釀、純米吟釀、純米酒、古酒、汽泡清酒，甚至是本格燒酎、泡盛等，依季節常備有約50品項，以每一杯￥100起的優惠價格提供試喝，如果不知道該怎麼選擇，也可以請工作人員推薦或是選擇搭配好的3杯套組，感受每個季節不同的美味日本酒。

日本の酒情報館
🚇 地下鐵銀座線**虎ノ門駅9出口**徒步3分，地下鐵千代田線**霞ケ関駅C3出口**徒步4分，地下鐵三田線**内幸町駅A4出口**徒步3分
🏠 東京都港區西新橋1-6-15
🕙 10:00~18:00
📅 週末，例假日，12/28~1/4
💴 免費，日本酒試飲1杯￥100起
🌐 www.japansakekyo.com/

虎ノ門
日本の酒情報館
內幸町
虎之門hills
NHK放送博物館
神谷町
御成門

見學體驗

風景展望

博物館

公園綠地

宗教聖地

假日市集

藝術鑑賞

知名地標

FREE SPOT
in TOKYO

044

免預約／
0.5小時／無導覽

Key Points

- 都心小散步
- 老房子移築
- 古民家見學

岡本公園 民家園

再現江戶後期農家生活

位 在岡本公園內的民家園，是將江戶時代的古民家移築至此，重現世田谷區古時候生活樣貌的設施。在這小小的區域裡，分別將三處古蹟：舊長崎家主屋、舊浦野家的土藏與舊橫尾家住宅的木門，合為一個家園該有的樣子，並於昭和55年(1980)開幕。不同於一般老房子只有靜態的展示，民家園希望重現一個完整的生活環境，除了農具展示與飼養雞隻，還依照江戶時期一般民家該有的作息活動，比如元旦時的搗麻糬、喝甘酒，還有兒童節時的鄉土玩具製作、七夕的折紙、寫短冊掛竹子，甚至秋天還會舉辦賞月茶會，每個活動都是希望藉由實際的體驗讓民眾更了解早期的生活，最棒的是可以免費參加，十分值得一訪。另外，從岡本公園再向西徒步約半小時，有處次大夫堀民家園，裡頭也有多棟老房屋，時間充裕的話不妨順遊參觀。

岡本公園民家園
- 東急田園都市線・大井町線**二子玉川駅**徒步20分
- 東京都世田谷區岡本1-29-1
- 9:30~16:30，元旦10:00~15:30
- 週一(遇例假日順延)、12/28~12/31、1/2~1/4
- 免費
- www.city.setagaya.lg.jp/mokuji/kusei/012/011/002/d00122210.html
- 活動可能因疫情與天候等原因暫停，可自行上官網查詢

Key Points

◉ 船的模型

◉ 南極觀測船宗谷號

◉ 海上保安廳

船的科學館
實際登上南極觀測船

船的科學館於1974年完工,特殊的郵輪型建築,遠看彷彿一艘大船停泊港口,近看更是壯觀。2011年起,因為建物老朽化,且無力維修青函連絡船「羊蹄丸」,於是將羊蹄丸讓渡給民間團體,並關閉本館的展示。即便如此,今天來到船的科學館,依舊有不少可看之處。改建自原本小販部的迷你展覽以日本海權、船體結構等為中心,有簡單的展示;來到戶外,南極觀測船「宗谷」正張開雙臂,歡迎登船一同前往南極的探險美夢,這也是船的科學館最吸引人的部分。登上宗谷號,穿梭在狹窄的船艙內,看著各室間的人偶想像當時的場景,更能感受曾經背負日本國民期待,也不負眾望達成任務的宗谷,是化不可能為可能的奇蹟之船。

初代南極探險船宗谷號,停在港邊免費開放遊客入內參觀。

Confirm in advance

初代南極探險號

宗谷號是建造於昭和13年(1938)的破冰型貨物船,經歷過太平洋戰爭,於1956~1962年間作為初代南極觀測船使用,雖然破舊,卻也成功帶領日本人踏上未知的南極大陸旅程,是電影《南極料理人》、《南極大陸》的故事背景。1978年退役後在北海道一帶作為海上保安廳的巡視船,至隔年才移至現址,開放參觀。

見學體驗

風景展望

博物館

公園綠地

宗教聖地

假日市集

藝術鑑賞

知名地標

船の科学館

りんかい線(臨海線)**東京テレポート駅**徒步約12分，ゆりかもめ（百合海鷗號）**東京国際クルーズターミナル**徒步1分
東京都品川區東八潮3-1
10:00~17:00，宗谷號最後登船16:45
週一(遇假日順延)，12/28~1/3
免費
www.waterfront.or.jp/portmuseum/museum/view/76

宗·谷·號·參·觀·重·點

1 展示室

改建自工作室的區域，展示著企鵝標本與南極、宗谷的資料，還有一塊來自南極的千年冰。

2 牆上的塗鴉

宗谷退役時，住在該房間的船員在牆上寫下：「偉大な宗谷よ さようなら いつの日か又逢いに来る」(偉大的宗谷，再見了，一定會有再見的那天。)

3 太郎與次郎

日本初次登上南極時，作為先導犬而同行的樺太犬，以太郎與次郎為首共有22隻，1959年第二次越冬隊因天候不佳徹退時，犬隻們被留在南極，隔年第三次越冬隊再次前往南極，發現太郎與次郎生還，雖然另外7隻死亡、6隻行踪不明，太郎與次郎的傳奇故事也被多次改編成電視劇、電影。

宗谷號的主要引擎，在當時看來，這樣的動力能夠多次往返南極，是化不可能為可能的奇蹟之船。

4 8氣筒引擎

5 通信室

通信室主要是用來與其它船隻聯絡通信。

6 操舵室

來到甲板上的操舵室，可以實際摸摸操縱桿，拍攝紀念照。

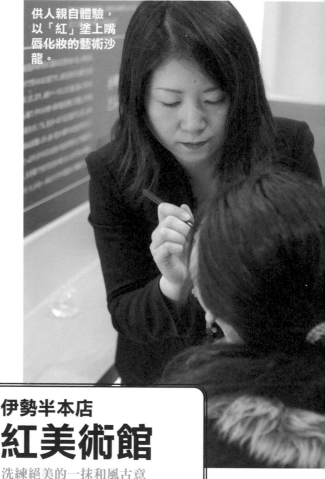

供人親自體驗，以「紅」塗上嘴唇化妝的藝術沙龍。

Key Points

⊙ 日本傳統艷色
⊙ 紅花茶
⊙ 和妝體驗

伊勢半本店
紅美術館
洗練絕美的一抹和風古意

目前唯一保存著從江戶時代傳承下來、以傳統技術製作「紅」的伊勢半本店，本業已經轉型為現代化的化妝品公司，為了能夠讓「紅」的製作技術流傳下來，至今仍以密傳技術製作「紅」，並且在繁華時髦的南青山地區開設了「伊勢半本店紅美術館」，館內展

Confirm in advance

日本傳統的「紅」

紅，指的是從金黃色的「紅花」所萃取出來的，被稱為「小町紅」。薄薄一層塗在有著精緻圖案的日式陶瓷小碟子上，有著迷離豔媚如彩虹的光澤，用水稀釋之後，則暈染出桃紅、赤紅、緋紅、粉紅等不同層次與色澤的紅色。水溶植物性色素的紅是透明彩，依照不同人的唇色發色，轉化成變幻多端的迷離緋紅。

見學體驗

風景展望

博物館

公園綠地

宗教聖地

假日市集

藝術鑑賞

知名地標

伊勢半本店紅美術館

- 🚇 地下鐵銀座線・半藏門線・千代田線**表參道駅B1出口**徒步12分
- 📍 東京都港區南青山6-6-20 K's南青山
- 🕐 10:00~17:00
- 🚫 週一(例假日順延)、年末年始、週日
- 💴 免費
- 🌐 www.isehanhonten.co.jp/museum/

紅美術館的外觀,由簡單的線條與白色、紅色組成。

館內展示各式各樣的「紅」,讓人大開眼界。

在附設的沙龍裡,還可以品嚐紅花茶。據説紅花有殺菌並促進血液循環的效果,對女性極佳。

示了與「紅」相關的各種文化資料。透過「紅」重新認識了日本江戶時代的和美化妝意識,也透過把玩藝術品般華麗的器具、紅花茶入口回甘且沁人心脾的療癒功效、紅染布料所製成的和風精品,以及親身以「紅」上妝體驗大和撫子的化妝樂趣,全方位地使用五感領略這屬於日本古代、豔媚高雅的綺麗顏色,讓人拜倒於這洗練絕美的一抹艷色當中。想要體驗古代日本大和撫子古意和美的妝容,來到伊勢半本店就可以親自嘗試。

免預約／
1小時／無導覽

Key Points

◉ 二次世界大戰

◉ 世界和平

◉ 戰爭的教訓

平和祈念展示資料館

用日本人的雙眼重現二戰歷史

平和祈念展示資料館重現二戰時期的日本人,是背負何種使命,以及用什麼方式在戰爭中生存。隱身在大樓林立的新宿區住友大廈裡,小小空間記錄著日本政局、士兵,甚至百姓在戰時所受到的改變及影響,並且可以分別從戰爭前、戰爭當下及戰爭後的不同時期,清楚感受到明顯的不同。首先來到了歷史資料區,在這使用了照片及文字資料記錄了二戰時期的時間軸。在台灣人的教育裡,二戰時期的日本是以侵略者之姿存在,在平和祈念展示資料館也詳細記錄了每一次日軍侵略中國、將台灣納為殖民地的時間及文獻。

　　隨著動線前進,接下來可以看到許多戰時人們生活的模型及展示品,其中展示包含了百姓們困苦的生活情況、

館內展示的軍人服裝,都是實際征戰沙場的物件。

戰敗後的軍人們,在外地被集中起來進行勞務,此為當時軍人們製作的湯匙。

見學體驗

風景展望

博物館

公園綠地

宗教聖地

假日市集

藝術鑑賞

知名地標

平和祈念展示資料館
- 都營大江戶線**都庁前駅RA6出口**徒步1分
- 東京都新宿區西新宿2-6-1 新宿住友大樓33F
- 9:30~17:30
- 週一、12/28~1/4、其他休館日詳見官網
- 免費
- www.heiwakinen.go.jp

因戰爭而失去了家人，或因局勢惡化、強制加入軍方的孩子，他們的日用品、穿著，以及戰鬥裝備等在此真實地重現。在「戰後強制抑留者」的區域展出了士兵們被集合於收容所之中，為了戰爭而進行勞務，在沉重的勞務、匱乏的資源與惡劣的天候交加下，時有士兵因此而過勞或因病辭世，從此與家人永別。而「海外引揚者」的區域則是記錄著經歷長期的戰事後，從世界各地漂洋回國的日本士兵及百姓們需面對多少的苦難、經歷多少的等待才有可能回得了故鄉的狀況。

重現戰時民不聊生一景。館內藉由展示，希望參觀者能夠明白戰爭帶來的種種，反思和平之重要。

Key Points

◉ 東京瓦斯歷史

◉ 瓦斯與生活

◉ 瓦斯燈之美

位在兩棟建物前的綠意庭園，立了多處瓦斯燈，都是實際在東京、橫濱地區使用過的，仔細看，燈內各種不同火焰代表著瓦斯燈的各種模式，就等著你親自來發現。

瓦斯博物館

瓦斯燈的明亮體驗

紅色煉瓦牆，充滿歐風情調，由東京瓦斯公司所經營的瓦斯博物館，展示著東京瓦斯的發展歷史，也說明日常生活中瓦斯的種種便利與重要。主要展示可分為三區，面對建物的左手邊是瓦斯燈館，將原本位在本鄉，建於明治42年(1909)的古老建築移至現址，館內以影像講解瓦斯的起源，並在二樓展示各種美麗的瓦斯燈台，讓人看得目不轉睛。每天固定時段會有工作人員實際點上瓦斯燈，帶領人們了解瓦斯燈演變的歷史過程。

面對建築右手邊則是瓦斯生活館，這棟老房子建自明治45年(1912)的東京瓦斯千住工廠計量室，移來此地後作為東京瓦斯創業一世紀的各種史料展示室，另外以生活為主題，將明治時期使用瓦斯的各種生活用具集結一

左邊的建物是瓦斯燈館，右邊則是瓦斯生活館，兩棟都是移築自它處的歷史建物。

在明治時期被廣泛使用的瓦斯管「千代田管」，頂部平坦的部分是其一大特徵。

方，像是廚房、衛浴、暖氣等，約有1200件，細細看來會發現冰箱、洗衣機也在其中，十分有趣。

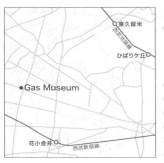

ガスミュージアム

🚌西武新宿線**花小金井駅出站後至「花小金井駅入口」巴士站**搭乘【武21】，西武池袋線**東久留米駅西口1號乘車處**搭乘【武21】，JR中央線武藏**小金井駅北口3號乘車處**搭乘【武21】，皆至「**ガスミュージアム入口**」下車徒步3分即達

🏠東京都小平市大沼町4-31-25

🕐10:00~17:00

🚫週一(遇假日順延)，12/28~1/4

💴免費

🌐www.gasmuseum.jp

❗進館參觀前需至櫃台填寫名單，即可自由見學。

見學體驗

風景展望

博物館

公園綠地

宗教聖地

假日市集

藝術鑑賞

知名地標

免預約／
0.5小時／無導覽

Key Points

◎ 歷史遺跡再現

◎ 日本最早開通的火車站

◎ 鐵道旅行

舊新橋停車場
鐵道歷史展示室
東京鐵道發祥之地

汐 留是日本鐵道的最初起點，在廢除鐵道之後於1995
年重新開發，成了最耀眼的臨海城市。鐵道歷史展
示室所在地「舊新橋停車場」，正是昔日新橋車站的舊
址，曾為1872年時日本最早開通營業(新橋~橫濱之間)的
車站，如今變身為鐵道歷史展示館，展示著從明治時期
便影響日本近代發展極大的鐵道相關文物，不只注重在
實質的文物展示，更由文化面切入，將汐留附近的鄉土風
情、江戶的情景等重現於世人眼前。另外，博物館內也展
示了舊新橋停車場的遺址與照片，讓現代人也可體驗當
時的車站風景。

旧新橋停車場鉄道歴史展示室

🚃JR山手線・都營淺草線**新橋駅**徒步5分，都營大江戶線**汐留
駅**徒步3分，地下鐵銀座線**新橋駅2出口**徒步3分，ゆりかも
め(百合海鷗號)**新橋駅3出口**徒步3分

🏠東京都港區東新橋1-5-3

🕐10:00~17:00

📅週一(遇假日順延)，12/29~1/3

💰免費

🌐www.ejrcf.or.jp/shinbashi/

❗超過15人的團體須事先預約

見學體驗

風景展望

博物館

公園綠地

宗教聖地

假日市集

藝術鑑賞

知名地標

REE SPOT
in TOKYO

050

免預約／
0.5小時／無導覽

Key Points
◉ 大名庭園
◉ 都電荒川線
◉ 公園綠地散策

甘泉園
小而巧的日式庭園

甘泉園是建於18世紀、德川幕府時期的傳統庭園，初時德川御三家之一的清水家在此建立了屋敷，為其庭園；因為池水湧泉水質甘甜，很適合泡茶，於是有此一稱。明治時代為相馬子爵家宅邸，1938年納入早稻田校區的一部分，在1969年正式成為新宿區的區立公園。池泉回遊式的庭園雖然規模很小，卻保有古老典雅的風情和日式庭園特徵，並免費開放給民眾參觀。庭院外則設置了一般的區立公園，在平常日的午後，常能見到母親帶著小朋友來這裡玩耍的溫馨畫面。臨近還有水稻荷神社等景點，也曾同樣是甘泉園的一部分。

甘泉園
🚃都電荒川線**面影橋駅**步行約1分，地下鐵東西線**早稻田駅**徒步7分
🏠東京都新宿區西早稻田3-5
🕐7:00~19:00，11月~2月7:00~17:00
💰免費
🌐www.city.shinjuku.lg.jp/seikatsu/file15_03_00011.html

Key Points

◉ 公園綠地散策

◉ 藝術之森

◉ 周邊景點豐富

上野公園內滿是綠意，天晴時到樹下打個盹，感受城市裡的悠閒時光。

上野恩賜公園

繁華街城市森呼吸

上野是山手線上重要的轉運大站，旅客可由此搭乘新幹線至東北、新潟、長野等地，同時也是由成田機場進入東京時經過的第一個主要車站。有別於他站的都會氣氛，佔地寬廣的上野公園裡草木如茵，博物館、美術館與動物園錯落其中，隨時可見人們親近自然，欣賞展覽。上野地區廣大，除了車站附近繁華的阿美橫丁之外，想要多多接近綠意公園的話更要到上野公園中悠閒散步，可以沿著樹蔭漫步，也可穿梭在各大美術館間欣賞藝術作品，累了便在公園裡的長椅坐下歇息，不如就丟掉行程表，在這裡悠閒地消磨一個下午吧！

見學體驗

風景展望

博物館

公園綠地

宗教聖地

假日市集

藝術鑑賞

知名地標

上野恩賜公園
- JR**上野駅**、地下鐵銀座線・日比谷線**上野駅**出站即達，京成本線**京成上野駅**出站即達
- 東京都台東區上野公園・池之端三丁目
- 5:00~23:00
- 免費，參觀美術館、博物館需付費 (免費參觀日→P.4)
- www.kensetsu.metro.tokyo.lg.jp/jimusho/toubuk/ueno/kouennai.html

參·觀·重·點

1 西鄉隆盛像

從京成上野駅進入上野公園，首先看到的是青銅雕塑的西鄉隆盛像，這座雕像手中牽著一條狗。西鄉隆盛是擊潰德川幕府的將軍，後世為了紀念他，在上野公園內豎立雕像。

2 國立科學博物館

國立科學博物館是日本唯一的一間綜合性科學博物館，歷史悠久；巨大的鯨魚雕塑就橫跨在大門前的廣場上，相當醒目。

4 上野之森美術館

除了各種國內外的企畫展和小型展覽外，每年舉行「上野之森美術館大賞」和「VOCA賞」等甄選，本身極具公信力，是年輕藝術家踏上舞台的重要跳板。

5 上野森林 Park Side Café

位在森林裡的咖啡廳，如果逛累了可以來這裡休息，天晴時坐在露台區最是愜意。

3 國立西洋美術館

1959年開館至今，館藏已成長為4500餘件，是日本唯一以西洋美術為收藏主題的國立美術館，美術館的收藏以中世紀末期到20世紀的美術作品為主，其中又以法國藝術家作品最多。

6 阿美橫丁

由JR上野駅南側的高架鐵軌橋下一路延伸到御徒町駅的阿美橫丁，聚集了數百家以平價為號召的商店與攤子，非常熱鬧。就位在上野公園一側，適合順遊。

052

免預約／
1.5小時／無導覽

Key Points

- 公園綠地散策
- 遊湖腳踏船
- 日劇拍攝名場景

井之頭恩賜公園

似曾相識的美麗公園

開 園於1917年、原是皇家公園的井之頭恩賜公園，幅員廣達38萬平方公尺，以中央的湖池為核心，周邊植滿了約兩萬多棵的樹木，即使在同一個季節，仍因為各種樹木的模樣各異，呈現出值得細細玩味的層次景象，當然也隨著四季更迭而呈現出不同的美景，因此成為許多日劇、電影的取景地。由於佔地非常廣，即使在賞櫻盛季來訪井之頭恩賜公園，也不怕找不到一處寧靜、自在的地方坐坐，好好享受一個人的野餐，想找到能專心寫生做畫的角度，也非難事。喜歡湊湊熱鬧，不妨嘗試租一艘遊湖腳踏船，學日本人在櫻花垂落的岸邊湖面上賞花，近看悠游湖中的肥美鯉魚。

Confirm in advance

吉祥寺～三鷹散步趣

若想從吉祥寺以徒步方式邊走邊逛到三鷹之森吉卜力美術館，從公園口出站，沿著吉祥寺通穿過井之頭恩賜公園，跨越玉川上水後，美術館就位在公園西園旁。同樣也很建議早上參觀完吉卜力後，用徒步的方式經井之頭恩賜公園，再到吉祥寺晃晃。

井の頭恩賜公園

- JR中央線**吉祥寺駅公園口**徒步5分，京王井の頭線**井の頭公園駅**徒步1分
- 東京都武蔵野市御殿山一丁目、吉祥寺南町一丁目
- 自由參觀
- 免費
- www.kensetsu.metro.tokyo.lg.jp/jimusho/seibuk/inokashira/index.html

中央本線　吉祥寺
京王井之頭線
井之頭公園
井の頭公園
三鷹之森
吉卜力美術館

參觀重點

1　街頭藝人的天堂

公園隨處可見街頭藝人表演，尤其假日最多。路過時不妨停下腳步欣賞，覺得不錯可以賞點小費鼓勵。

2　自然文化園

Inokashira Park Zoo
東京都井の頭自然文化園

公園於1942年增設的「自然文化園」約佔井之頭恩賜公園的三分之一，分為動物園與水生物園，可見許多動物，像是山羊、花栗鼠…等動物。入園￥400（免費參觀日→P.5）

3　天鵝船

多次成為日劇拍攝場景的天鵝船，是情侶約會、全家出遊的選擇。來到乘船場，投幣買票，天鵝船每30分鐘￥800，手搖船每30分鐘￥500。營業時間依季節不同，大約是10:00~17:00。

4　口琴橫丁

薬
ハーモニカ横丁　入口

入口位在平和通上的口琴橫丁是充滿古早味的商店街，就像口琴的細密吹口，一格一格的因店家成排聚集，而得名。這裡以飲食店居多，亦有鮮魚蔬果店等，裡頭不乏歷史悠久又受歡迎的秘密名店。

見學體驗

風景展望

博物館

公園綠地

宗教聖地

假日市集

藝術鑑賞

知名地標

Key Points

◉ 賞櫻花名勝
◉ 蒸氣火車
◉ 江戶東京建築園

春天賞花活動，地方團體表演獅子舞與傳統樂曲，將氣氛炒到最 high！

小金井公園
春季無敵賞花公園

沿 著從多摩川引流而來的玉川上水，面積廣達77公頃的小金井公園比上野公園還大上1.4倍，堪稱是東京都內最大的公園，擁有各種完善的設施，包括16座網球場、體育館、射箭場、親子廣場等，提供一個市民遊憩休閒，放鬆身心的最佳場所。此外，園內還展示有復古的蒸氣火車SL號，這種因日本鐵道進步，而被淘汰廢用的火車，目前僅存幾條觀光路線能夠看到，但隨著懷舊風潮再起，也成為許多人一定要看的展示物。

Confirm in advance

最美季節——春天
公園內種植了多種樹木花卉，一年四季都能夠欣賞到優美的自然景觀，其中櫻之園內，最讓賞花客感到滿足的，就是春天彷彿花海隧道，綿延一整片的櫻花林，吸引鄰近城鎮的民眾前來感受季節之美，也可以看到街頭藝人的逗趣精采演出。

江戶東京建築園
位於小金井公園境內的江戶東京建築園是一個充滿懷舊歷史感的場所，形同一座戶外的博物館，展示物就是建築本身，擁有江戶時代到昭和初期，27棟從各地遷移而來修復的建築物，每一棟都有相當珍貴的歷史意義。(開園、免費日資訊→P.5)

小金井公園的SL展示場只有在3月至11月的週末、例假日開放進入參觀，其它時間只能仕外觀望。

佔地廣大的公園是附近居民休閒活動的好去處。

園內花卉依四季開放，不管何時造訪都會有當季花卉欣賞。

小金井公園

- JR中央線**武藏小金井駅**北口搭乘西武巴士至「小金井公園西口」
- 東京都小金井市關野町1-13-1
- 自由參觀　免費
- www.tokyo-park.or.jp/park/format/index050.html

見學體驗

風景展望

博物館

公園綠地

宗教聖地

假日市集

藝術鑑賞

知名地標

Key Points

◉ 潮入迴遊式庭園
◉ 心字池
◉ 公園綠地散策

舊安田庭園

江戶潮入迴遊式庭園

舊安田庭園原本是常陸國笠間藩主本庄宗資所建，明治維新之後成為岡山藩主池田家的屋邸，明治22年(1889)被安田財閥購入，經過關東大震災、太平洋戰爭等波動後，捐贈給東京都墨田區管理，免費開放給一般民眾入內休憩。庭園是引隅田川水而成的潮入迴遊式庭園，雖然規模不大，但池上小島浮沉、錦鯉烏龜自在悠游，池邊老樹圍繞，伴著雪見燈籠的散步路清靜宜人，可是幕府時期典型的大名庭園。庭園中間的「心字池」是引入隅田川水而成，所以池內的水位也會隨著川位的高低而有所改變，後來隨著河川污染而停止引進隅田川水，近年來則由幫浦來再現漲潮與退潮的情景。

旧安田庭園
🚃JR総武線**両国駅**徒歩7分，都営大江戸線**両国駅**徒歩5分
🏠東京都墨田區橫網1-12-1
🕐9:00~19:30，10月~3月 9:00~18:00
🚫12/29~1/1
💴免費
🌐www.city.sumida.lg.jp/sisetu_info/kouen/kunai_park_annai/sumida_park/park08.html

見學體驗

風景展望

博物館

公園綠地

宗教聖地

假日市集

藝術鑑賞

知名地標

FREE SPOT
in TOKYO

055

免預約／
0.5小時／無導覽

Key Points

◉ 水生植物

◉ 深大寺城遺跡

◉ 神代植物公園

神代水生植物園

都市湧泉濕地風景

在 深大寺東南邊有一個免費開放的水生植物園。因為這一帶積聚了由深大寺裏山流出的湧泉，形成了一片片濕地，經由整頓，於昭和60年(1985)開園。來到這裡不只能夠看到日本常見的水生植物，如花昌蒲等，園內還有一部份被指定為「史跡深大寺城跡」，也可來趟歷史巡禮。在其北側還有一處神代植物公園，雖需付費入園，在賞花季時值得一看。

Confirm in advance

神代植物公園

神代植物公園原本是培植東京都內路樹的苗圃，二次世界大戰後才開放給民眾休閒，是東京都內唯一的植物公園。在東京想要找到綠地，大多人會選擇都會內的公園；但神代公園雖稍稍偏遠，可是其廣大的面積裡有森林、溫室、各種花卉，四季皆能看到不同的風情。(開園、免費日資訊→P.5)

神代植物公園

鬼太郎茶屋

深大寺

神代水生植物園●

神代水生植物園

🚌京王線**調布駅北口11號乘車處**搭乘往深大寺方向的京王巴士至**神代植物公園站**下車

🏠東京都調布市深大寺元町2丁目

🕐9:30~16:30

🚫週一、年末年始

💰免費

🌐www.tokyo-park.or.jp/jindai/index.html

免預約／
1小時／無導覽

Key Points

◉ 櫻花
◉ 手搖船
◉ 護城河

千鳥之淵
粉紅花海中搖船

千鳥之淵的櫻景可説是全東京最震撼的，賞櫻遊客既可眺望盛開的櫻花，還可划著小船，悠遊入櫻景。千鳥之淵的遊步道上，主要有80株枝繁葉茂的高大染井吉野櫻，3月底~4月初期間的賞櫻期最為美麗。較有趣的是，這裡沒有「畫地占位」的花見花宴空間，不管是蜷縮在樹根小石上、兩株矮灌木間…日本的花見遊客努力在有限的綠蔭空間中，偷一點花見的閒情。千鳥之淵綠道的名景，是隔水眺望對岸北之丸公園面的20棵大櫻花樹，當櫻花盛開時，隔淵相對的兩岸綠林，上頭鋪滿一層淺粉紅色的櫻花毯。周遭只聽得快門聲響個不停，每個人都忙著為短暫的春季留下最唯美的一刻。

©TCVB

見學體驗

風景展望

博物館

公園綠地

宗教聖地

假日市集

藝術鑑賞

知名地標

春季是來到千鳥之淵的最好時節，不妨搭上手搖船，在護城河上的櫻花叢裡穿梭。從遊客臉上充滿讚嘆與欣喜的表情，春季的美好展露無遺。

千鳥ヶ淵

🚇地下鐵東西線・都營新宿線**九段下駅2出口**徒步3分，地下鐵半藏門線**半藏門駅5出口**徒步5分

🏠東京都千代田區麴町1-2、一番町2

🕐自由參觀

💰免費

❗春天賞櫻季時，因應人潮會有部分交通管制，詳見千代田區觀光協會官網。

🔗www.city.chiyoda.lg.jp/shisetsu/koen/chidorigafuchi-ko.html

Key Points

◉ 公園綠地散策

◉ 春夏活動豐富

◉ 銀杏名景

明治神宮**外苑**
深秋銀杏並木景色最美

以1918年落成的聖德紀念繪畫館為中心，在明治神宮外苑廣大的腹地內集結了棒球場、網球場、高等學校等各種設施，顯得洋風味十足的建築與規劃，與內苑明治神宮的日式典雅風格大相逕庭，別有一番韻味。這裡最知名的就是秋日的銀杏行道樹(イチョウ並木)，四排銀杏樹的枝枒上一片金黃燦爛，美得令人屏息，盛開期間(11月中至12月初)更有熱鬧的銀杏祭，讓前去賞銀杏者可享用熱騰騰的日本小吃。除此之外，每年夏季(5月中至9月底)也會舉辦森之啤酒花園，在都會森林裡大口吃烤肉暢快喝啤酒。當然，每年8月的神宮外苑花火大會更是經典，超過一萬發的花火為夏夜帶來滿滿熱力。

明治神宮外苑

🚇地下鐵銀座線・半藏門線、都營大江戶線**青山一丁目駅**徒步8分，地下鐵銀座線**外苑前駅**徒步8分

🏠東京都新宿區霞ヶ丘町1-1，銀杏林位在港區北青山1~2丁目

🕐自由參觀

💴免費

🌐www.meijijingugaien.jp/

見學體驗

風景展望

博物館

公園綠地

宗教聖地

假日市集

藝術鑑賞

知名地標

REE SPOT
in TOKYO

058

免預約／
1小時／無導覽

Key Points

◉ 初夏杜鵑花祭

◉ 乙女稻荷

◉ 華麗的桃山式風格

根津神社

初夏限定壯麗杜鵑花海

根津神社的建築頗值一看,畢竟這裡是江戶神社中規模最大的一座。戰國時期桃山風格的建築,一旁連綿十幾公尺長的朱紅鳥居「乙女稻荷」也是根津代表性的景點之一。本殿和拜殿等建築群則為1706年所建,是現存的江戶時代神社當中規模最完整的一座,富麗堂皇,風格艷麗。神社最熱鬧的時候可算是四月中旬到五月初,有50種、3000多株的杜鵑花競相綻放,沿著道路綻放的火紅杜鵑很有看頭。

Confirm in advance

谷根千
被東京人暱稱「谷根千」的谷中. 根津. 千駄木地區,保留了江戶後期的古樸風情,悠閒和緩的慢板步調在這兒飄蕩。逛完神社別忘了到充滿地方風情的「谷中銀座」體會平凡中帶有老街獨有的氛圍。

谷中銀座
千駄木
山手線
白山線
SCAI the bath house
根津神社
千代田線
根津
東京都美術館

根津神社
🚇地下鐵千代田線**根津駅1出口・千駄木駅1出口**徒步5分, 地下鐵南北線**東大前駅1出口**徒步10分
🏠東京都文京區根津1-28-9
🕐2月、10月9:30~17:00, 3月~9月~17:30, 11月~1月~16:30
💴免費, 杜鵑花祭期間入園￥300
🌐www.nedujinja.or.jp

免預約／
0.5小時／無導覽

Key Points

◉ 週三管風琴演奏

◉ 金子文子與亨利・瓜丹

◉ 新光之教會

瞻仰著大型的白色十字架，座椅的設計搭配了錯落的海藍、鮮紅、艷黃等鮮明色調的點綴，鮮明的空間語彙，卻絲毫不減教會莊嚴聖潔的氣氛。

原宿教會
神之純白聖潔之地

被 稱為「新光之教會」的原宿教會，是北青山地區最為醒目的地標。具有穿透性的光影靜謐地灑入純白色教堂內，模仿海浪起伏形狀的屋頂層次有致地組合起教會的內部空間。完工後立刻引起各界注意，並且登上各大設計建築雜誌的原宿教會，是由Ciel Rouge Creation建設公司所規劃，沒有歐洲中古世紀教堂繁複壁畫雕刻，與光影自然共生的這座海浪般的教堂卻喚起深層內在的穩定安詳。第一、三個週三中午時分教會有風琴的聖歌演奏冥想，在這樣的空間當中極富穿透力與心靈共振，即使不是教友也可以感受到一股莫名強大的淨化力量。

見學體驗

風景展望

博物館

公園綠地

宗教聖地

假日市集

藝術鑑賞

知名地標

大量使用波浪曲線以及自然光的設計，讓白色的教堂隨著陽光轉換遊移的流離光影，展現出變化莫測的聖潔靜寂。

原宿教會

- 🚇地下鐵銀座線**外苑前駅3出口**徒步6分，**表參道駅A3出口**徒步10分
- 🏠東京都渋谷區神宮前3-42-1
- 🕐每週日10:30主日禮拜，每月第一、三個週三12:00~13:00有午餐會與演奏會可自由參加
- 💴免費
- 🌐www.harajuku-church.com

Key Points

◉ 來自台灣的大鳥居

◉ 傳統日式婚禮

◉ 明治天皇

許多新人的「神前式」婚禮會選在明治神宮舉辦，若幸運遇到了，可以到一旁靜靜欣賞，沾沾喜氣。

明治神宮
繁華街城市森呼吸

巨 大鳥居、朱紅社殿，想要找到最代表日本的風景，明治神宮絕對不會讓人失望。明治神宮是為了供奉明治天皇和昭憲皇太后所建，從原宿駅出來只需1分鐘，轉過神宮橋之後，就會來到明治神宮的入口鳥居。明治神宮佔地約73萬平方公尺，內有本殿、寶物殿、神樂殿等莊嚴的建築，御苑裡古木參天、清幽自然，是東京都內難得的僻靜之處。一般遊客其實無法進入正殿，只能在外殿參拜，有時幸運還能看到傳統的日式婚禮在這裡舉行，但切記可別打擾了婚禮的進行哦！

Confirm in advance

神社、神宮的差別

◉ 神宮：主神通常為皇室祖先、天皇，或是對大和平定有顯著功績的特定神祇，最出名的就是祭祀天照大神的三重伊勢神宮。要注意若是只講「神宮」，那就是指伊勢神宮喔。

◉ 大社：起源當然就是島根的出雲大社，後來也用來稱呼獲得全國崇敬的神社，比如奈良春日大社、長野諏訪大社等，通常是同名神社的本家。

◉ 宮：一般也與皇族有關係，通常是祭祀親王，但有些供奉歷史人物的神社也會稱作宮，比如供奉菅原道真的天滿宮或祭祀德川家康的東照宮。

見學體驗

風景展望

博物館

公園綠地

宗教聖地

假日市集

藝術鑑賞

知名地標

明治神宮
- 🚃JR**原宿駅**表**參道口**徒步2分，地下鐵**明治神宮前駅2出口**徒步即達神宮橋，過橋即入神宮境內，但要到本殿還得徒步約30分。
- 🏠東京都渋谷區代代木神園町1-1
- 🕐約5:00~17:00(依季節而異)，寶物殿9:00~16:30(依季節而異)，入殿至閉殿前30分
- 💰免費；寶物殿￥500
- 🌐www.meijijingu.or.jp

參◦觀◦重◦點

① 鳥居

位在南北參道交會處，有一座原木所製、日本最大的「鳥居」，這座鳥居高12公尺、寬17公尺，柱子的直徑有1.2公尺，重量更達到13噸。據傳，這座鳥居可是由台灣的檜木建成，不僅十分珍貴，更是明治神宮的象徵。

② 夫婦楠

明治神宮本殿旁有兩株高大的楠木，這兩株夫婦楠上繫有「注連繩」，這代表有神明居於樹木之上，據說能保佑夫妻圓滿、全家平安，還可以結良緣，若是想求姻緣的話可別錯過。

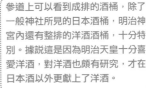

參道上可以看到成排的酒桶，除了一般神社所見的日本酒桶，明治神宮內還有整排的洋酒酒桶，十分特別。據說這是因為明治天皇十分喜愛洋酒，對洋酒也頗有研究，才在日本酒以外更獻上了洋酒。

③ 酒桶

115

免預約／
1.5小時／無導覽

Key Points

◉ 遠眺晴空塔

◉ 仲見世通

◉ 雷門

自從 2012 年東京晴空塔落成後，從淺草寺望向東邊的風景，也成為大家競相追逐的目標。

淺草寺
東京城下町最佳首選

淺草寺是淺草的信仰中心，相傳起源在一千多年前，有位漁夫在隅田川中撈起了一尊黃金觀世音菩薩像，當地居民認為是菩薩顯靈，於是就建了座小小的廟堂虔心地供奉。後來淺草觀音寺漸漸成為了武將和文人的信仰中心，周邊也演變成江戶時期最熱鬧的繁華區，直到現在依然香火鼎盛。尤其掛著大紅燈籠的雷門是東京的名景，穿過雷門便是仲見世通，每個旅人都會在這裡留下足跡，感受東京不可錯過的下町魅力。

見學體驗

風景展望

博物館

公園綠地

宗教聖地

假日市集

藝術鑑賞

知名地標

淺草寺
地下鐵銀座線・都營淺草線**淺草駅1出口**即達雷門，東武伊勢崎線**淺草駅**徒步3分，つくばエクスプレス(筑波特快線)**淺草駅**徒步5分
東京都台東區淺草2-3-1
自由參觀
免費
www.senso-ji.jp

淺草寺
宝蔵門
仲見世通
雷門
淺草文化觀光中心
淺草
吾妻橋

◦參◦觀◦重◦點◦

1 雷門

淺草寺最引人注目的莫過於總門「雷門」，寫著雷門二字的大紅色提燈重達130公斤，雷門的右邊有一尊風神像，左邊則是雷神像，所以雷門的正式名稱就叫做「風雷神門」。

掛著一個人人大紅燈籠上寫著小舟町的就是寶藏門，從雷門走向仲見世通的尾端就是，由於左右各安置了仁王像，所以又被稱為仁王門。942年落成後又歷經三次建造，如今所見為昭和39年所建，和五重塔一同被指定為日本國寶。

3 寶藏門

賣人形燒的、煎餅的、菓子點心的老舖店家熱熱鬧鬧的大聲吆喝，許多江戶時代的玩具、武士刀、和傘、木屐等充滿著江戶庶民風情的雜貨總是讓外國觀光客好奇不已，人潮川流不息的仲見世通總是洋溢著淺草特有的活力。

2 五重塔

五重塔是淺草寺最醒目的地標，擁有超過千年的歷史，雖然期間曾經多次遭受大火毀損並遷移，卻仍是淺草寺的重要信仰建築，目前看到的是一九七三年重建，最頂層有來自斯里蘭卡的舍利子。

4 仲見世通

5 傳法院通

與仲見世通垂直，傳法院通為了招攬觀光客，做了相當有趣的造街運動，仔細瞧可以看到每家店的招牌風格通通統一，即使是沒有營業的日子，鐵門也畫了趣味十足的江戶圖案，一路上還不時可見營造復古風情的裝飾物。

062

免預約／
2小時／無導覽

Key Points

◉ 鬼太郎茶屋
◉ 深沙大王
◉ 沙悟淨

深大寺近年遊人如織，但絲毫不減損其幽靜莊嚴的氣氛。

深大寺
綠意包圍的清幽寺境

深大寺是天台宗別格本山的佛教寺院，山號為浮岳山。而名稱的由來，竟是跟著唐三藏去西天取經的沙悟淨「深沙大王」！深大寺於天平5年(733)時創建，是東京地區僅次於淺草寺的第二古剎，至今已有超過1300年的歷史。因後來遭遇火災，所以現在看到的本堂是大正年間再造之建物。本堂內的阿彌陀三尊像，釋迦堂內以微笑著名的白鳳佛，還有梵鐘、山門等，都是十分難得一見的歷史古物。

Confirm in advance

鬼太郎茶屋

許多人來到深大寺，為的就是這鬼太郎茶屋！鬼太郎茶屋的建物本身有60多年的歷史，除了可以感受鬼太郎茶屋的巧思之外，1樓販賣著各種鬼太郎商品，還設有半露天的茶座，與室內的日式喫茶供人品嚐別出心裁的妖怪茶點。

☎042-482-4059　🏠調布市深大寺元町5-12-8
🕐10:00～17:00　🈺週一，遇例假日隔週休

見學體驗

風景展望

博物館

公園綠地

宗教聖地

假日市集

藝術鑑賞

知名地標

深大寺
🚃京王線**調布駅北口14號乘車處**搭乘【調34】在**終點站深大寺**下車徒步1分、搭乘【吉14】【調35】在**深大寺小学校前**下車徒步5分, **13號乘車處**搭乘【吉06】【鷹56】在**深大寺入口站**下車徒步5分
🏠東京都調布市深大寺元町5-15-1
🕐自由參觀
💰免費
🌐www.jindaiji.or.jp/

神代植物公園

●深大寺

鬼太郎茶屋
神代水生植物園

參▫觀▫重▫點

1 深沙堂

深沙堂原本是一座可以與大師堂匹敵的巨大法堂,但因為神佛分離的運動而被拆遷至位在距離本堂稍遠的樹林之中,現在外觀只是一座木造小堂,小堂中擺放著被譽為「秘佛」的深沙大王像,遇到特別公開時才能一睹究竟。

2 青渭神社

位在深大寺東北處的青渭神社,創建年代不詳,但相傳在約3000~4000年前,當地居民為了求水而建立,還有著祭祀棲息在社前大池中的大蛇之傳說。其實青渭神社是古代多摩地方的神社,目前只有三處還存留著,而調布的青渭神社便是其一。

水車館的現址原本就是明治末期由當地民眾共同湊錢建造的水車所在地,現在所看到的深大寺水車館則是當地政府為了保存文化、歷史而計劃性重建。在水車小屋旁的長屋中可以看到農業的器具與資料,在小屋之中可以看到臼與杵,這也是實際上可以使用的,當地人還會事前申請來去除米或蕎麥的殼。

3 深大寺水車館

Key Points

◉ 招福貓
◉ 今戶燒
◉ 緣結神社

單身女性看過來！想要招得好人緣、好姻緣，就要來今戶神社參拜，再帶份結緣御守放在身上，包你桃花朵朵開。

今戶神社
來招福貓的故鄉求個好姻緣

求姻緣要拜月老、求財運要拜財神爺，那麼如果貪心一點兩種都想要呢？位於淺草的今戶神社真的能夠讓兩個願望一次滿足。這裡供奉著應神天皇、伊奘諾尊和伊奘冉尊，傳說中伊奘諾尊和伊奘冉尊是最早結為夫妻的神明，也因此人們將其供奉為締結良緣及求好姻緣的象徵，是日本女性們趨之若鶩的求桃花景點。若是想要知道自己的各種運勢，一定要試試今戶神社的招福貓神籤，籤詩上還會附著代表不同運勢的七種顏色招福貓，看到這些可愛的貓咪，想必不論結果如何都能讓人心情大好。這些貓咪有些舉起左手代表招財、有些舉起右手代表招福，許多人會選擇帶一對回去，讓自己的福緣滿滿。

Confirm in advance

招財貓的由來

這裡是特產今戶燒的所在，傳說中一位貧窮的老太太因為不敵生活的困苦，只好忍痛放走了豢養已久的小貓。然而當晚卻夢到了小貓托夢而來，並說：「把我做成娃娃的話，就會有好事發生。」沒想到，老太太照著夢中的指示將貓咪的樣子做成了娃娃，果真廣受世人的喜愛而終於脫離了貧困。據說第一隻貓娃娃便是以今戶燒陶的手法製作，這也就是招財貓的由來。

見學體驗

風景展望

博物館

公園綠地

宗教聖地

假日市集

藝術鑑賞

知名地標

今戶神社

🚃東武線、都營淺草線或東京地鐵銀
　座線**淺草駅**徒步15分
🏠東京都台東區今戶1-5-22
🕘9:00~16:00　💴免費
🕸imadojinja1063.crayonsite.net

不要錯過可愛的貓咪繪馬，留下
自己的心願給神明知道喔。

本殿前方有著一對石製的貓雕像，其被定名
為「石撫貓」，據説只要摸摸他們的頭，並
將其拍照下來當作手機的待機畫面，每日對
著他們祈禱，便可以讓願望實現！

因為招財貓與今戶燒的淵源，本
殿之中便供奉了兩隻大型的招財
貓，而神社中更是四處可見到他
們大大小小的身影，其中還有如
夏目友人帳中的貓咪老師等知名
動漫角色。

免預約／
0.5小時／無導覽

Key Points

◉ 考試合格神社

◉ 神社咖啡廳

◉ 隈研吾建築

曾為地方古老神社，如今赤城神社洗練的外觀，藉由大片透明落地玻璃，拉近神與民的距離。

赤城神社
地方信仰的再生計劃

和　神樂坂上的毘沙門天善國寺同樣被視為地方信仰中心的赤城神社雖然歷史悠久，但主要的神社建築卻全為新造。赤城神社已有七百年歷史，前身建於昭和34年（1959），由於建築漸漸老朽，且少子化的影響讓神社附設經營的育幼院收入大不如前，神社一度面臨關閉的命運。此時三井不動產提出了「赤城神社再生計劃」，請來日本建築大師隈研吾設計規劃，代價便是在神社境內的空地蓋起公寓，以70年的時間經營租借，之後土地所有權回歸神社，神社會將這塊土地再植回綠樹，恢復神社境內原本的森林。

Confirm in advance

AKAGI Café
需要穿過鳥居，進到神之領域的AKAGI Café，室內空間溫馨的輕柔色調，透過大落地窗能看到整座神社，潔白的空間單純唯美，讓人待在這裡彷彿心情也格外平靜。午間餐點有多種選擇，赤城紅咖哩￥1200，另外還有用御神酒製成的冰淇淋￥450。

見學體驗

風景展望

博物館

公園綠地

宗教聖地

假日市集

藝術鑑賞

知名地標

赤城神社

🚃地下鐵東西線**神楽坂駅1出口**徒步1分、都營大江戶線**牛込神楽坂駅A3出口**徒步8分

🏠東京都新宿區赤城元町1-10

🕐自由參觀

💰免費

🌐www.akagi-jinja.jp/

參・觀・重・點

1 神社旁的公寓

延續隈研吾的格條式建築樣式，利用茶色的格狀外觀不破壞神社莊嚴的氣氛，也與神樂坂周遭氛圍達成協調。

2 螢雪天神社

螢雪天神指的便是日本的學問之神菅原道真，與天滿宮一樣，主要都是祈求學業進步、考試合格的神社。

3 合格御守

許多考生來此祈願，掛繪馬、買御守回家。如果剛好給身邊有人面臨重要的考試，送個御守給他當伴手禮，一定會讓他信心大增。

4 本殿

登上台階後，一對白色狛犬守護著這方土地，而神社本殿融合西洋建築技法與日式建築美感，大片的透明玻璃也揭開祭祀儀式的神秘面紗。

123

巨大的天狗是高尾山的象徵，能夠除厄招福。

Key Points

⊙ 關東第一聖山

⊙ 天狗傳說

⊙ 緣結神社

高尾山藥王院
年間造訪人數最多的聖山

高尾山位於東京八王子市內，標高599公尺，山林景致美麗，更以秋季的滿山楓紅成為東京的紅葉名所；由於離東京都心只要一個小時的車程，而位在山腰的藥王院是高尾山的精神象徵，不只楓紅迷人，美麗四季景色也吸引東京人來這裡踏青健行，成為東京近郊最受歡迎的觀光名所。高尾山自古便是修驗道的靈山聖地，原名為有喜寺的藥王院更是與成田山新勝寺、川崎大師平間寺並稱為真言宗智山派三大本山。本尊飯繩大權現是不動明王的化身，藉由兇惡的表相來勸導世人向善；人們亦將對自然的崇敬化為天狗意象，寺前兩尊天狗更成為這裡的象徵，同時也是不動明王的隨護，傳說更具有開運除厄的能力。

Confirm in advance

高尾山纜車
由山腳可以藉登山步道來到山上，也可以搭日本最陡的乘登山纜車，輕鬆抵達。單趟¥490。

精進料理
僧人修行時必須清淨口慾，由純素簡樸的粥品、燉煮山菜等料理演變而來的精進料理，是僧人的待客之禮，亦是日本懷石料理的原型。餐廳位在藥王院境內「大本坊」，需要預約042-661-1115 (12月中旬~2月上旬不接受個人預約)。天狗膳¥3300, 高尾膳¥4400。

見學體驗

風景展望

博物館

公園綠地

宗教聖地

假日市集

藝術鑑賞

知名地標

高尾山藥王院

🚃京王線**高尾山口駅**徒步約3分即達**高尾山纜車乘車處**，下纜車後再徒步20分即達藥王院。纜車單趟￥490。若由山下徒步登山則約需要約1個半小時。

🏠東京都八王子市高尾町2177

🕐自由參觀

💰免費

🌐www.takaosan.or.jp

高尾山猴園・野草園

高尾山纜車

高尾山口

TAKAO 599MUSEUM

●高尾山藥王院

參◦觀◦重◦點

高尾山的天狗有兩種形象，一是長長鼻子手持羽扇的大天狗，具有開運的能力；另一有鷹嘴的則是小天狗，手持神劍可以斬斷魔念。境內有許多天狗，不妨找找在哪裡。

1 天狗

7 神變堂

在前往藥王院的參道途中，會先來到神變堂，這裡祭祀修驗道的開山始祖役行者，又被稱為神變大菩薩。許多人會來這裡祈求雙腳勇健、腰痛平復。

藥王院的本尊飯繩大權現擁有除厄開運的神力，來到大錫杖這裡，持棍敲出聲響，就能消除煩惱，心想事成。

2 大錫杖

6 引っぱり蛸

樹齡四百五十年，高37公尺的巨大杉樹，因為盤根錯節而被叫做「章魚杉」。一旁有處叫っぱり蛸石像，據說摸摸章魚頭就能開運，是高尾山的人氣能量景點！

高尾山為關東第一靈山，尤其在戀愛成就這項特別強！藥王院本堂右側的「愛染堂」祭祀愛染明王，本著「煩惱即菩提」幫助信者將戀愛煩惱轉為正能量。將戀愛開運之鈴結在良緣祈願處，便能招來好緣。

3 結緣名所

5 六根清淨 石輪

六根指的是眼、耳、鼻、舌、心、體，轉一轉石輪，即代表把此六根的雜念去除，淨化身心靈。

4 十三洲大見晴台

從藥王院再走約20分，即可抵達高達五百九十九公尺的高尾山頂。從十三洲大見晴台，可以遠望富士山與東京都心景色，健行者絕不能錯過。

免預約／
1小時／無導覽

Key Points

- ◉ 東急世田谷線
- ◉ 招福貓御守
- ◉ 成群招福貓超壯觀

豪德寺裡成群的招福貓，都是由信眾所供奉的；在光影灑落之間氣氛神秘，是愛貓人必訪的祕境。

豪德寺
招福貓的起源地

豪德寺是世田谷區曹洞宗的寺院，也是井伊直弼墓的所在地。文明12年(1480)，世田谷城主吉良政忠為了其伯母之女而在此建了泓德院，到了寬永10年(1633)，彥根藩主井伊直孝在此建立了井伊一族的菩提寺，佛殿則是直孝之女為了在此祭祀父親而建。會漸漸有名起來，則是傳聞這裡是招福貓的發祥地。傳說當時井伊直孝看見對他招手的貓，進來到豪德寺因而避開身後的劈雷，也因為這個傳說，現在境內除了可以看到祭祀招貓觀音的招貓殿之外，在招貓殿在一旁供奉上千尊招福貓兒，更是奇觀。在三重塔上也可以找到招福貓的浮雕，是愛貓人士必訪的名勝！

見學體驗

風景展望

博物館

公園綠地

宗教聖地

假日市集

藝術鑑賞

知名地標

豪德寺
🚉東急世田谷線**宮の坂駅**徒步5分，小田急小田原線**豪德寺駅**徒步15分
🏠東京都世田谷區豪德寺2-24-7
🕐3月下旬起6:00~18:00，9月下旬起6:00~17:00
💴免費
🌐gotokuji.jp

參◦觀◦重◦點

1 獅子香爐

一進入豪德寺會先看到這座大香爐，可以供奉香火來淨化身心，是與佛對話的一種途徑。

2 三重塔

於平成18年(西元二〇〇六)才落成的三重塔，雖然不像其它名剎擁有古老歷史，但處處藏著招福貓與十二生肖的木雕，另外還有幾隻可愛的貓咪趴著，等你來尋找。

參拜者來此祈願後，將招福貓兒帶回家，當願望成真後便再帶回來供奉，當成還願儀式。每年1至2月招福貓的數量最多，想看到壯觀的景色就選冬天來吧。

社務所有販售各種尺寸的招福貓，若怕無法回來還願的話另外也有小小的御守￥800起，可留作紀念。

4 招福貓繪馬

3 招福貓兒

來此參拜的人也會在繪馬寫上願望，懸掛著祈求實現。

5 招福貓御守

Key Points

◉ 厄除名寺

◉ 護摩祈禱

◉ 修行體驗行程

深川不動堂
護摩祈禱名寺

　　已有300年以上歷史的深川不動堂其實是千葉縣成田山新勝寺的別院，1703便開創於現址，深受地方民眾信仰，主要祭祀不動明王。走過參道，最先映入眼裡的是舊本堂；昭和26年(1951)將千葉縣龍腹寺的地藏堂移築過來此地，是東京都內現存最古老的木造建築。一旁的本堂則是則是紀念開創310年而建，本尊、四大明王都供奉於此，特別的是外壁「真言梵字壁」布滿不動明王的真言，而內部在本尊地下的祈禱迴廊裡有一萬尊水晶五輪塔，氣氛莊嚴肅穆。而境內最有名的活動便是護摩祈禱活動，從生意興隆到交通安全，不管什麼願望都能幫你祈禱。另外境內在每月的1日也有提供寫經活動，28日有描畫佛像的活動，付費就能參加。

成田山深川不動堂

🚇地下鐵東西線**門前仲町駅1出口**徒步3分，都營大江戶線**門前仲町駅6出口**徒步5分

🏠東京都江東區富岡1-17-13

🕐8:00~18:00，每月緣日(1日、15日、28日)8:00~20:00

💴免費

🌐fukagawafudou.gr.jp

見學體驗

風景展望

博物館

公園綠地

宗教聖地

假日市集

藝術鑑賞

知名地標

REE SPOT
in TOKYO

068

免預約／
0.5小時／無導覽

Key Points

◉ 勸進相撲

◉ 江戶最大八幡宮

◉ 深川八幡祭

富岡八幡宮

勸進相撲神社

西元1627年創立的富岡八幡宮是江戶最大的八幡宮，當時深受將軍家保護因而壯大。其例大祭「深川八幡祭」是江戶三大祭之一，三年一次，祭典時50台神轎一同出動，場面盛大迫力十足，目前社內還有二座日本最大的黃金神轎。三年一次的深川八幡祭典為8月15日前後包含週末的數日間，詳細時間可上官網查詢。而在主殿右方還有相撲橫綱力士碑，是在明治33年(1900)由第12代橫綱陣幕久五郎發起而建，另外還有巨人力士碑、巨人力士手形足形碑等，都在訴說著這裡曾經以勸進相撲(廟社募款時舉行的相撲大賽)興盛一時的歷史。

富岡八幡宮

🚇地下鐵東西線**門前仲町駅1出口**徒步5分，都營大江戶線**門前仲町駅6出口**徒步7分

🏠東京都江東區富岡1-20-3

🕘9:00~17:00

💴免費

🌐www.tomiokahachimangu.or.jp

免預約／
0.5小時／無導覽

Key Points

◉ 築地市場旁

◉ 古印度風佛寺

◉ 京都西本願寺別院

築地本願寺

東京幻獸建築

作為京都西本願寺的別院而成立的築地本願寺，是關東地區淨土宗的主要宗廟之一，最早的歷史可追溯到西元1617年。之後經過戰火和地震損毀，現在看到的寺廟建築，是建築師伊藤忠太在1930年代以古印度佛寺為藍本所建的，風格厚重而特殊。本堂內部是端正標準的桃山樣式，堂間供奉本尊阿彌陀如來和宗祖親鸞聖人像，氣氛莊嚴肅穆。

伊藤忠太在石造建築的柱頭和基座以象、猿、鳥等動物作為雕飾，造型揉合了想像與現實。

築地本願寺所屬的淨土宗不像一般神社、寺廟有提供御朱印的服務，若想留念可至入口旁蓋紀念章。

築地本願寺

🚇地下鐵日比谷線**築地駅1出口**徒步1分，地下鐵有楽町線**新富町駅4出口**徒步5分，都營淺草線**東銀座駅5出口**徒步5分，都營大江戶線**築地市場駅A1出口**徒步5分

🏠東京都中央區築地3-15-1

🕐6:00~16:00

🌐tsukijihongwanji.jp/

見學體驗

風景展望

博物館

公園綠地

宗教聖地

假日市集

藝術鑑賞

知名地標

FREE SPOT
in TOKYO

070

免預約／
1小時／無導覽

Key Points

◉ 買多可殺價

◉ 一年辦4場

◉ 日本最老古董市集

平和島 古民具古董祭

日本最大室內古董市集

從 1978年開始舉辦的平和島古民具古董祭，是集合日本各地的古董商店於一方的室內古董市集，至2023年3月已經舉辦了188次，是日本最古老的室內古董市集。第一次的市集在品川王子飯店舉辦，當時聚集了100多家攤位共襄盛舉，立刻掀起一片古董旋風。現在每年固定在3月、5月、9月、12月舉辦，一次連續3天，約有超過200家店舖參展，從北海道到九州，每回展出的店舖與商品都不會固定，有日本老件，也有歐美古物。由於不需要入場費，總是吸引眾多人潮前來，其中也不乏金髮碧眼的洋人。要注意的是，最後一天撤展時會提早1小時關門，可要抓準時間了。

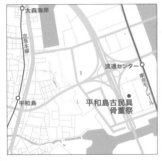

平和島古民具骨董祭
🚃東京モノレール(東京單軌電車) **流通センター駅**徒步1分
🏠東京都大田區平和島6-1-1 東京流通センタービル2F
📅2024年3/15~3/17, 5/2~5/4, 9/13~9/15, 12/6~12/8, 展期連續三天10:00~17:00, 最後一天~16:00
🌐https://kottouichi.com/festival.html

Key Points

- 北西荻古董街
- 人情味
- 古美術鑑賞

西荻古董祭
東西洋古董跨界出展

北 西荻是東京戀舊迷聚集的聚落，古董商店在街角靜謐佇立，老闆窩在店裡不作聲，櫥窗擺放古樸的杯盤、昭和時代玻璃、西洋生活道具或者古美術品，商品本身便透露著故事。每年春秋兩季的週末，老闆們把商品細心包裹，帶到井荻會館趕市集。昭和時代木造房窗口映照著南瓜花，榻榻米大房間聚集數十家古董攤，街坊鄰居還有遠道而來的古董迷把氣氛炒得熱絡、開懷。「你看這明治時代玻璃杯，細膩雕花如今是怎樣也做不出來呢！」老闆眼睛發著光，與其做買賣，反而更像跟顧客獻寶。跨越收銀檯的藩籬，走出主客之間的界線，在市集交會的不過是兩個戀舊的人，以及一顆惜物愛物的心。

古色古香的室內環境，與古董市集的意象吻合。

Confirm in advance

手作市集
古董市集每年兩度機會難得，另外每月第四週日，同樣場地還有販售手工商品的手作市集，也值得專程挖寶感受人情味。

見學體驗

風景展望

博物館

公園綠地

宗教聖地

假日市集

藝術鑑賞

知名地標

在長廊上隨意擺放的古董器具，每個角落都自成風景。

井荻會館外觀。

一框框的老貨隨意擺放，從中找到自己喜歡的東西超有成就感。

不只日本古董，西洋老件也不在少數。

直接與古董商面對面，竟然還能討價還價，感受市集挖寶的最大魅力。

西荻骨董好きまつり

🚃 JR中央線**西荻窪駅北口**徒步約10分

🏠 東京都杉並區西荻北4-35-9井荻会館

🕐 9:30~17:00。每年春、秋兩季舉辦，第49回在2023/10/14，第50回預計在2024/4/13舉行

🌐 www.kottosuki.com/

杉並動漫博物館

井荻會館

MIZU NO SORA

中央本線

西荻窪　　　荻窪

Key Points

◉ 鬼子母神社

◉ 年輕手作藝術

◉ 晴空市集

雜司之谷手創市集

手作者的天堂

雜司之谷手創市集是每個月定期於鬼子母神社與大鳥神社舉辦的晴空市集。兩個會場合併約有200個攤位、300名手工藝家參與。參與的基本類型就是手作品，包含了陶瓷、木工、玻璃、金工、皮革、飾品、布製小物等。另外也有嚴選原料素材的點心、麵包、果醬等手作家們參與。在市集裡，手工藝家們能將自己的喜好化為作品，自己擺設、自己販賣，這就是手創市集的核心精神。將物品直接與精神連結就是手作最大的優點。身為幕後推手的名倉先生心中有許多感動：「從手創市集開始活動的手作家們，如今有人擁有了自己的店舖，不只販售自己的作品，也協助販售其他手作家朋友的作品，創造了一個相互幫助的良好環境。因為起點是『喜歡』的心情吧，由於這份『喜歡』

Confirm in advance

鬼子母神社

鬼子母神社，歷史可追溯到16世紀間，現在的神殿樣式，還是依據1664年時的樣式復原修復而成。殿中的鬼子母神面容慈祥，保祐安產與養育，數百年間香火鼎盛。

鬼子母神社為當地人信仰，假此處開設的市集吸引東京人在假日前來朝拜。

溫潤的陶器最能感受手作的溫度。

所以能彼此信賴。也讓我好好思考了持續手創市集的重要性。」就是這樣一群朝著自己目標與夢想奮鬥不懈的可愛人們，邀請你下回到東京一同感受手作的溫度。

職人親手染布、裁剪、縫製，簡單的杯墊，製作過程可不馬虎。

見學體驗

風景展望

博物館

公園綠地

宗教聖地

假日市集

藝術鑑賞

知名地標

雜司ヶ谷手創り市

- 🚃 都電荒川線**鬼子母神前駅**下車徒步5分，地下鐵副都心線**雜司が谷駅**徒步5分
- 🏠 東京都豐島區雜司ヶ谷3-15-20鬼子母神堂・大鳥神社
- 🕐 10:00~16:00，每月一次(日期會落在週末或假日)，詳細舉辦日期請洽官網
- 🌐 https://tezukuriichi.com/home.html
- ❗ 雨天中止

Key Points

◉ 買多可殺價

◉ 什麼都賣什麼都不奇怪

◉ 停車場內的市集

大井競馬場跳蚤市集

二手舊貨市集挖寶去

東京近年來瘋市集，由於需要大型場地的關係，大多都一至兩個月才能辦一次，位在大井競馬場停車場裡的跳蚤市集，每週末都會舉辦(偶爾會停辦，詳細時間以官網公告為準)，雖不在市中心但交通也不會不方便，算是旅程中十分容易造訪的入門市集。來到大井競馬場跳蚤市集，最令人興奮的便是眾多的二手古貨攤了，每次依參展店家不同，約有300至600間店舖，商品並不限老東西，新品也時有所見，整體分類算是雜亂，但正因如此，大大增加了挖寶的樂趣。這裡的攤位並非全都是專業賣家，也有一些像是把自家用品搬來出清的攤位，所以品項十分龐雜，從看起來像衣櫃裡不要的二手衣物、老唱片卡帶、不知道年代的銀湯匙、手作壓克力花、老杯盤，到精緻的西洋古董娃娃，你想得到的品項應有盡有，唯一的共通點就是便宜！

Confirm in advance

撿便宜小技巧

跳蚤市場物品的價值與價格因人而異，如果覺得喜歡但太貴可以稍微喊一下價，以兩方都能接受的價格為主。另外，在快收攤前許多攤販會開始大減價以吸引顧客，不妨這時再來撿便宜。

見學體驗

風景展望

博物館

公園綠地

宗教聖地

假日市集

藝術鑑賞

知名地標

會場就在停車場裡，已經有現成的棚架，夏天也稍微有陰影可以納涼，但如果當天下大雨可能會中止，要特別注意。

整個攤位都是各式各樣的達摩，宛如一個小小達摩展覽。

除了一般攤販外，也有賣簡單小食的攤車，肚子餓了可以坐下來嚐嚐日本庶民滋味。

什麼都賣什麼都不奇怪的攤位。

大井競馬場フリマ(Tokyo City Flea Market)

- 東京モノレール(東京單軌電車)**大井競馬場前駅**徒步3分，京急線**立会川駅**徒步10分
- 東京都品川區勝島2-1-2 大井競馬場第一駐車場
- 週末9:00~14:30
- 週一~五
- fmfm.jp/event/detail/?sid=12335
- 大雨中止

免預約／
1小時／無導覽

◉ 天然保存食品
◉ 食得安心
◉ 都會裡的小農市集

聯合大學農夫市集
精品大道上的晴空市集

在距離表參道走路不到10分鐘的地方，聯合大學農夫市集是東京人對土地嚮往的投射。每週六、日假位於青山的國連大學前廣場進行，每次約60家攤位共襄盛舉，販售的物品多以農產品或副產品為主，不販售肉類等不易存放的生鮮品，也不刻意標榜有機作物，而是一群關心友善土地、健康飲食等議題並且對食文化有獨立價值觀的人揭竿起義，自然聚集。

比起販售，他們更想做一個充滿交流互動的空間；你關心你吃了什麼所以你去關心生產，你看見生產也看見土地與生活在土地上的人，這一切的驅動力其實來自於對生活自有想法，期望營造一處讓人們可以重新思考種植、食物、購物與每日日常的所在。生活不是只有單一答案，這麼多的未知數在這樣一個空間裡展開對話，自土地上長出來的物產在這裡流通，來自土地上的人也在這裡交會。來這邊要挖寶，也要交朋友。

Confirm in advance

餐車
市集外圍還有數十攤餐車，天氣晴朗的時候，捧個飯盒、冰涼的飲料，也許還可以配一些剛剛的戰利品，距離擁擠只有5分鐘的距離，卻有著唾手可得的愜意。東京久違了的人情滋味，在蔬果香氣、人聲笑語，也在滋味滿滿的友善農產裡。

見學體驗

風景展望

博物館

公園綠地

宗教聖地

假日市集

藝術鑑賞

知名地標

農夫市集由 60 家攤位組成，從生鮮到小農製品一應俱全。

除了減農、無農藥的蔬果外，還有很多天然的醬料、沖泡飲品等等。料、醃漬品、

想吃新鮮蔬果，直接跟小農買更安心。

和風的傳統、洋風的精緻、現代的創意，也許只是小小一罐醬料，還是農友們無論原料、生產、包裝，的解說，都充滿了思索過的精美用心。

Farmer's Market@UNU

🚇 地下鐵**表參道駅B2出口**徒步7分，或從JR**渋谷駅東口**徒步10分

🏠 東京都渋谷區神宮前5-53-70國連大學前廣場

🕙 週末10:00~16:00

🚫 週一~五

🌐 www.farmersmarkets.jp

Key Points

◉ 地方文化再造

◉ 練成中學校

◉ 現代藝術

從車站轉進巷內，3331 的外觀依舊保持學校的樣貌，一入內即是公共空間與販售中心，右手邊則是咖啡館，後方是展場。

3331 Arts Chiyoda

屬於社區的藝術空間

練成中學廢校後改建成為藝術中心的3331 Arts Chiyoda，接受藝術相關事務所與個人工作室的申請進駐，也有許多販售空間，一樓則是大面積的展場。它注重與社區的交流，提供海內外藝術家入住宿舍創作並定期安排交流活動，讓3331更像是個藝術村，也讓走進這個空間的人都可以很自然而然地接近藝術。學校是個大家很熟悉的地方，原本就是社區裡的學校現在對外開放，讓鄰近的人可以很自在地走進來，自然而然地就將藝術創作與在地生活連繫在一塊兒。

而為了要達到活化社區交流，不單只是開放了空間，更規劃展覽與講義課程，為社區留下文化、再造鄉土誌的軌跡。藝術當然是一大主軸，另外像是關於江戶學、舊人文地貌的探索，以及傳統手藝與慣習的傳承等相關課程，也讓3331比起其他的藝術空間，多了區域性的概念。

見學體驗

風景展望

博物館

公園綠地

宗教聖地

假日市集

藝術鑑賞

知名地標

3331 內仍保留大部分學校的樣貌，例如磨石子洗手台、鏡子上的落款、體育館、樓梯走廊的樣式等，充滿練成中學校的軌跡。

不定期更換的展覽，以現代美術為主軸。

頂樓的籃球場改為活動場地，有時是都市農園，有時是手作市集，希望藉由這一方空間能讓社區人們交流、談話。

3331 Arts Chiyoda

🚇地下鐵銀座線**末広町駅**徒步1分、地下鐵千代田線**湯島駅**徒步3分、JR**秋葉原駅**徒步8分

🏠東京都千代田區外神田6-11-14、東京都千代田區外神田6-12-5 長谷川ビル2F

🕐10:00~21:00

🈺夏季休館日，年末年始

💴參觀免費，其它入場依展覽不一

🌐www.3331.jp/

Key Points

◉ 奇異空間

◉ 現代漆器藝術

◉ 木村浩一郎

Maison Koichiro Kimura

遇見大師：木村浩一郎

由 木村親手設計操刀，將一棟1950年代的二層樓建築重新改造，外牆全部漆上白色，並以金色金字塔組成的方塊點綴中央，充分彰顯了木村本人獨樹一格的色彩運用。推開一樓金色大門，直接跳到眼前的是螢光粉紅的鮮豔壁面，背景音是濃濃未來感的數位電音，主要展示商品以漆器工藝製成的餐具、家飾擺設、生活用品為主，跳脫了一般人對於傳統漆器餐具只有黑與紅的刻板印象，木村賦予漆器更多色彩和可能性。

沿著白階梯向上，像是一步步邁向神祕的未知世界，耳邊傳來陣陣雷聲，這是木村刻意製造的藝術噪音，整個空間同樣運用漆器工藝，以4000個白色金字塔組成天花板和牆面，創造了一個不可思議、如教堂般純潔神聖的小房間，二樓是展示特殊作品的展覽室，喜歡藝術設計的旅人，Maison Koichiro Kimura絕對是來東京不容錯過的一站。

見學體驗

風景展望

博物館

公園綠地

宗教聖地

假日市集

藝術鑑賞

知名地標

黑、白、金、銀、藍、鮮黃、紅等色彩繽紛的點點球體容器 globe dot 和單色星球般的 flower of love-globe 裡一朵鋪在白色或綠色地衣上的小巧紅玫瑰，這個系列充分展現了木村作品中可愛浪漫的另一面向。

名為 fusion plate 色彩斑斕的創作則花了6個月時間，上了30次色才得以完成。

311 地震為主題，以一塊塊方形木頭碎片組成的盤具反映現代社會現況，傳達了世界一家的和平想望。

Maison Koichiro Kimura
🚇地下鐵銀座線・千代田線**表參道駅A1出口**徒步5分
🏠東京都渋谷區神宮前5-3-12
🕐11:00~20:00
🈺不定休
💰免費
🌐www.koichiro-kimura.com

Key Points

◉ 現代藝術

◉ 多物質跨界合作

◉ 藝廊咖啡

水之空藝廊
生活中的小確幸

在 似乎與藝廊無緣的住宅密集區，灰色牆垣與一方靜水背後隱藏無限創意，水之空藝廊以獨到眼光反映西荻窪的寧靜天色，照亮生活藝術的精彩想像。店主小峰惠子原本是家庭主婦，把老家改造成藝廊兼咖啡館，創造與日常生活不同的空間，主題展覽大約每月兩場，陶藝、和紙、燈飾、繪畫範圍不拘，創造力是唯一共通點。她以策展人的角色，穿針引線媒合不同領域的創造者，讓藝術展覽更為有血有肉。像是特展「糧」，小峰找來陶藝家與植物創作家聯手合作，咖啡店也會同步推出主題甜點，以藝術、飲食和植物三種觀點來探索糧食的本質。還有一次以礦石為主題跨界創作，讓可愛的、繽紛的，甚至看似美味的礦石成為裝飾藝術的主角，參觀者不但可以欣賞礦石藝術，把喜愛的礦物買回家，還能在咖啡店品嚐以寒天模擬礦石結晶的創意和菓子。走進水之空藝廊，發現藝術的世界原來如此親近，跟著小峰的腳步遊藝人生，玩出不一樣的生活況味。

Confirm in advance

附設咖啡空間
咖啡店只在展覽期間開放，提供手沖咖啡與小點心。小峰的初衷，是讓參觀者逛完藝廊以後，有個坐下來分享感想的角落，現在也成為藝術家的聚會中心。

見學體驗

風景展望

博物館

公園綠地

宗教聖地

假日市集

藝術鑑賞

知名地標

由老民宅改建的展示空間，配合展品打上不同燈光，營造出特殊的異質空間感。

室內一隅的咖啡區，不但可以供觀客使用，也是藝術家們的交流中心。

配合展示主題而陳設的牆面。

咖啡廳內提供簡單的餐飲，讓人沉浸在藝術氛圍之中。

Gallery みずのそら

🚉JR中央線**西荻窪駅北口**徒步約10分
🏠東京都杉並區西荻北5-25-2
🕐12:00~19:00，依特展更動
🈺週一、二
🌐www.mizunosora.com

MIZU NO SORA

杉並動漫博物館

井荻會館

中央本線

西荻窪　　荻窪

Key Points

◉ 銀座舊大樓
◉ 306號室
◉ 現代藝術

奧野大樓
80年前高級設計公寓

奧野大樓由表參道同潤會館設計師事務所的川元良一設計，1932年建成，1934年新築的部份完工，形成左右對稱的六層樓建築，是當時的高級設計公寓。爾後逃過太平洋戰爭美軍的轟炸，完整保留下來的建築矗立新大樓林立的街區，深咖啡色的磚牆與城牆般的外觀現在看來仍是十足復古摩登。而其雖名為公寓，房間空間不到三坪大，且室內並沒有設置衛浴設備，這樣的空間在當時竟然可以住上一家人實在令人很難想像。但因附近有錢湯、地下室也設有浴場故生活機能不成問題。現在約有20多家藝廊進駐，藉由文化藝術創作為老房子帶來新生命。

Confirm in advance

306號室計劃

位在三樓的306號室原本是由一位來自秋田的須田芳子女士入住，從大樓建好的1932年起，她便在這裡開設了美容室，直至2009年須田女士去世前，她都一直住在這裡。一群年輕藝術家有感於這間房間的時光就此停止，藉由成員們彼此微微的交流而舉辦個展，甚至還有辦過理髮的活動，以延續這個房間的歷史記憶。
🔗https://room306project.tokyo/

見學體驗

風景展望

博物館

公園綠地

宗教聖地

假日市集

藝術鑑賞

知名地標

一踏入奧野大樓，昏暗懷舊的氣氛勾起了許多對日本昭和大時代的想像。

奧野大樓除了建物本身古老，室內的手拉式鐵門電梯更是從竣工後便一直使用至今，維持著當年的樣貌，即使是在隨處可見古老建物的銀座中，再也沒有第二部了。

被稱為東京時尚公寓的奧野大樓內每戶不到３坪，當作小藝廊空間尚略顯狹小。

奧野大樓
🚇 地下鐵有樂町線**銀座一丁目駅10號出口**徒步1分，地下鐵銀座線・丸の内線・日比谷線**銀座駅A13出口**徒步5分
🏠 東京都中央區銀座1-9-8
🕐 各店不一，約12:00~19:00

Key Points

◉ 現代設計商品

◉ 近富倉庫

◉ 青木克憲

按著指標搭乘電梯，來到3樓，一出電梯便被眼前復古的昭和風格街道吸引。老舊看板、昏黃的鎢絲燈，讓人彷彿走入了電影世界一樣；原本這一小塊空間是由《ALWAYS 三丁目の夕日》的美術人員所製作。

@btf
純白色奇異世界

依著地圖來到了近富倉庫，幾台作業車仍在裝載貨物，一般觀光客難得一見的景色，是這裡的日常。近富倉庫3樓原本是@btf的儲藏倉庫，後來增加了事務工作室，也因為想要有展示空間，再打通了隔壁房做為展示空間，最後連4樓也併入，將公司的重心轉移至此，現今的@btf規模也漸漸完成。

@btf指的是butterfly stroke的縮寫，負責人青木克憲說，小時候學游泳時，總是先會蛙式、仰式、自由式，而蝶式則是最難學的，所以故意取這個名字，便是期望能夠在藝術之路上精益求精。青木先生為平面藝術、廣告的創意製作人，其工作範圍不只在平面，也曾經手許多創作展覽；通常考慮實體陳設，並不會侷限在平面空間上，而是會將整個空間感表現出來，也因此，創造出一個什麼都沒有的空間就是青木先生想要做的。

見學體驗

風景展望

博物館

公園綠地

宗教聖地

假日市集

藝術鑑賞

知名地標

倉科昌高將日常生活用品加以彩繪的作品，像是畫上臉的水桶、結合刷子的衣架、用刨絲器做的燈罩等，讓人看了會心一笑。

除了展覽之外，也設有商店，以一面有著大破洞的牆與展示空間相連，專賣精選自各藝術家的藝術品。

青木克憲與他的怪獸收藏品，這可是 @btf 裡的隱藏版景點。

@btf

🚃 都營大江戶線**勝どき駅A2出口**徒步3分

🏠 東京都中央區勝どき2-8-19 近富大樓倉庫3F 3A·3B

🕐 視展覽而定，約13:00~19:00

🗓 依展覽日期而定，詳洽官網

💴 免費

🌐 www.shopbtf.com

● 勝鬨橋の資料館

勝鬨橋

都營大江戶線

勝どき

● @btf

免預約／
0.5小時／無導覽

Key Points

◉ 清澄白河

◉ 老倉庫空間再利用

◉ 新世代藝術作品

©Ando Gallery

Ando Gallery
藝術空間實驗新觀點

清澄白河區閒置的倉庫及町工場，挑高空間以柱隔斷，最適合展出大型藝術作品。在 MOT（東京都立現代美術館）開設之後，藝廊也開始進駐周邊地區，打造了隅田川左岸的「藝術街區」。以舊倉庫改建的Ando Gallery，雪白建築覆滿了常青藤蔓，雖名為藝廊，卻有著極平易近人的生活感，這是策展人安東孝一所打造的展館意象——以直觀感受藝術，毋需刻意深思。展出世界新世代藝術家作品，是清澄白河區重要藝廊之一，並與英國設計師 Jasper Morrison 合作設計玻璃杯「ANDO'S GLASS」，獲頒2016年德國設計金獎，展覽及設計皆展現了精準的審美品味。

アンドーギャラリー

🚇都營大江戶線・地下鐵半藏門線**清澄白河駅**徒步10分

🏠東京都江東區平野3-3-6

🕐11:00~19:00

🚫週日~一，例假日，黃金週、夏期、冬期休廊

🔗www.andogallery.co.jp

見學體驗

風景展望

博物館

公園綠地

宗教聖地

假日市集

藝術鑑賞

知名地標

FREE SPOT
in TOKYO

081

免預約／
0.5小時／無導覽

Key Points

◎ GINZA PLACE

◎ 4K畫質

◎ SONY相片展

sony imaging gallery
高科技影像藝廊

西元2016年9月開幕的GINZA PLACE就位在銀座鬧區中心點、銀座地標和光百貨的對角線，總共地下2層、地上11層的空間，由1~2樓的NISSAN汽車、4~6樓的SONY商品店、餐廳所結合而成。位於6樓的Sony Imaging Gallery由日本知名電器品牌SONY策劃經營，是間複合展示小型藝廊。免費開放的空間中，提供不同型態的影像藝術展覽。展示以攝影作品為主，利用SONY自家產品，結合最新4K技術，提供高度精細畫質的觀展經驗。目前曾展出田中昭二、長谷康平、武井琴等知名攝影家的作品，另外SONY自家的攝影獎得獎作品也在此展出。

sony imaging gallery
🚇地下鐵**銀座駅**A4・A3出口即達
🏠東京都中央區銀座5-8-1 GINZA PLACE 6F
🕐11:00~19:00
💰免費
🌐www.sony.co.jp/united/imaging/gallery/?j-short=imaging/gallery/

DESIGN FESTA GALLERY

裏原宿的秘密文創空間

082

免預約／
0.5小時／無導覽

◉ 裏原宿

◉ 年輕創作者的羅浮宮

◉ 實驗性現代藝術

裏原宿的DESIGN FESTA GALLERY是一處任何人都可以輕鬆免費入場的藝廊，1、2樓的展覽室提供給許多年輕的藝術原創者一個展現自我的空間，DESIGN FESTA GALLERY不會審查資格或是限制內容，只要是出於「原創」，就可以成為這裡的一員，於是各種奇思妙想的「藝術創作」都可以在這裡找到舞台，除了室內之外，前院、後庭、屋頂等都可以利用，創作者在DESIGN FESTA GALLERY找到了交流的機會，當然若是碰到有緣人，作品可以當場自由販賣。

　　來到裏原宿鼓勵你一定要來看看這個地方，看看東京的年輕人在想些什麼？做些什麼？他們也會非常高興地跟你溝通，相逢即是有緣，不會說日文或是英文不溜都不是問題，因為藝術就是不分國籍的共通語言。

DESIGN FESTA GALLERY

🚃JR原宿駅竹下口徒步9分，地下鐵千代田線明治神宮前駅5出口徒步5分

🏠東京都渋谷區神宮前3-20-18，3-20-2

🕙11:00~20:00

💰免費

🌐www.designfestagallery.com

SCAI THE BATHHOUSE

FREE SPOT
in TOKYO

083

免預約／
0.5小時／無導覽

Key Points

◎ 谷根千文化動脈
◎ 現代藝術
◎ 老空間新生

SCAI THE BATHHOUSE

落在澡堂中的藝廊

被 稱為東京下町的谷根千，留下了甚為完整的老街生活氣氛，甚至有一間200年歷史澡堂改裝成的現代藝廊？這是很多人造訪SCAI THE BATHHOUSE的理由。

　　前身是「柏湯」的藝廊，從1993年開始營業，外觀的瓦片屋頂和煙囪有著優雅的外貌，走進其中，雖然展示空間並不大，但挑高的空間卻出人意外地寬敞，雪白的牆面和混凝土的地面，再加上流瀉的天光，是很獨特的展示場所。想知道澡堂如何變身藝廊，不收入場費的 SCAI THE BATHHOUSE 值得一看，裡面也有大量的傳單和小手冊，可以得知東京最近的藝術動態，帶來新舊時代交錯的微妙衝擊。

SCAI THE BATHHOUSE
🚃JR**日暮里駅南口**徒步約8分，地下鐵千代田線**根津駅1出口**徒步約12分
🏠東京都台東區谷中 6-1-23
🕐12:00~18:00
🚫週一、日，例假日
💴免費
🌐www.scaithebathhouse.com/

免預約／
0.5小時／無導覽

Key Points

◉ d47

◉ 多元藝術展

◉ 新型態書店

渋谷 Hikarie 8/
百貨激戰區的藝文天地

8/ 承襲了澀谷Hikarie原址東急文化館的使命，裡頭匯聚8種不同型態的文化空間：開放性的交流空間/01/COURT、藝文展區/02/CUBE1,2,3、「共享型」的新形態書店/03/SHIBUYA maru-maru BOOKS、47都道府縣主題展場04/d47 MUSEUM，其他還有餐廳d47食堂、47都道府縣物產的賣場等，日本的藝術、創意、生活及食文化精髓就濃縮在此。其中，「共享型」書店SHIBUYA maru-maru BOOKS與一般書店不同，是小書店的集合體，130個書架就有130個店主，店主可以自行挑選想販售的書，體驗當書店老闆的樂趣；而參觀者也能透過交談深入了解店主的選書理念，說不定還可以在這裡發掘心儀的藏書。比起國家級的藝廊，這裡的展示更具多面向，讓人感到耳目一新。

渋谷ヒカリエ8/
🚃東急東横線・田園都市線・地下鐵半蔵門線・副都心線**渋谷駅B5出口**直達，JR線・京王井の頭線**渋谷駅**與百貨2樓直通
🏠東京都渋谷區渋谷2-21-1 渋谷Hikarie 8F
🕐依展期而定
💰免費
🌐www.hikarie8.com/home.shtml

見學體驗

風景展望

博物館

公園綠地

宗教聖地

假日市集

藝術鑑賞

知名地標

FREE SPOT in TOKYO

085

免預約／
1小時／無導覽

Key Points

- 鐵路高架橋
- 職人之町
- 日本味商品

2k540 AKI-OKA ARTISAN

高架橋下的職人之家

全名 2k540 AKI-OKA ARTISAN 的2k540，名字隱含種種概念。2k540源自於鐵道用語，以東京車站為始到該地的距離做為代號，2k540即是距離東京車站2公里又540公尺的意思。AKI-OKA 為 JR 山手線上的秋葉原站 (Akihabara) 與御徒町站 (Okachimachi)，說明了它就位於這兩站間的高架橋下，ARTISAN 則是法文的「職人」之意。2k540所在地御徒町在過去是職人匯聚之地，許多傳統工藝作坊至今依舊運轉，連帶吸引一些珠寶與皮革店等作坊聚集。JR 東日本鐵道株式會社旗下子公司 JR 東日本都市開發 (JR East Urban Development Corporation) 為了替閒置空間找出路，便以延續職人之町的文化為概念，創造出高架橋下的藝文空間2k540。

2k540 AKI-OKA ARTISAN

- 位在秋葉原駅與御徒町駅間的高架橋下。JR山手線**秋葉原駅**徒步6分；**御徒町駅**徒步4分。地下鐵銀座線**末広町駅**徒步3分
- 東京都台東區上野5-9
- 11:00~19:00
- 週三，一部份店家不是
- 免費
- www.jrtk.jp/2k540/

免預約／
1小時／無導覽

Key Points

◉ 萬世橋

◉ 一九一二階梯

◉ 紅磚拱廊商場

mAAch ecute 神田萬世橋

舊鐵道高架橋下

中央線神田與御茶之水間的萬世橋，是座完成於1912年的鐵道高架橋，而當時設於橋上的萬世車站則有比東京車站還要悠久的歷史。百年後，廢棄的紅磚高架橋遺跡結合鐵道與歐洲拱廊商場的概念加以改造，萬世橋以mAAch ecute的姿態重獲新生。mAAch ecute選進的店舖較重嗜好性，以生活雜貨與咖啡輕食為主；不同屬性的小店綴於一座座紅磚瓦牆的拱門間，各店舖間沒有明顯界線，只是不經意似地由拱門隔開；mAAch ecute利用老建物營造了時尚兼具懷舊感的商業空間，也吸引許多年輕人重返這座古老市街，發現他們腳下曾經的歷史。

見學體驗

風景展望

博物館

公園綠地

宗教聖地

假日市集

藝術鑑賞

知名地標

步上從 1912 樓梯，通往二樓新修復的舊萬世橋站 2013 月台，可在此看見中央線列車呼嘯而過的身影。

mAAch ecute 的室內空間由一個個拱廊組成。

1912 階梯可是從 1912 年萬世橋車站開業時保存至今的百年古蹟。

mAAch ecute神田万世橋

🚉 JR**秋葉原駅**徒步5分，地下鐵銀座線**神田駅6出口**徒步2分，地下鐵千代田線**新御茶ノ水駅A3出口**徒步3分，地下鐵丸の内線**淡路町駅A3出口**徒步3分

🏠 東京都千代田區神田須田町1-25-4

🕐 11:00~22:30(週日、假日~20:30)，1912階梯・1935階梯・2013月台11:00~22:00(週日、假日~20:30)

💰 免費

🌐 www.ecute.jp/maach

087

免預約／
0.5小時／無導覽

Key Points

◉ 打卡熱點

◉ 貢多拉船

◉ 東京的小威尼斯

LA VITA

市區裡的小威尼斯

偏 離自由之丘主街道,有一處十足歐洲風情的人氣攝影熱點「LA VITA」!義大利風格街道上石造建築屋棟棟毗鄰,裡面還特別打造一條人造河流及紅橋,複製出小型威尼斯,每個角落都充滿異國氛圍;除了不停拍照,還有5、6間店舖可以逛逛。這裡的評價十分兩極,有的人認為除了拍照這裡沒什麼好逛的,但對喜歡拍照的人,這裡可是能耗上不少時間。在自由之丘吃完甜點後,不妨來這裡拍照打卡,假裝自己正在威尼斯渡假中吧!

● LA VITA

自由か丘

LA VITA
🚃 東急東橫線・大井町線**自由が丘駅正面口**徒步5分
🏠 東京都目黑區自由が丘2-8-3
🕐 11:00~20:00(視店家稍有不同)
💰 免費
🔗 www.jiyugaoka-abc.com/shopguide/service/030901.html

見學體驗

風景展望

博物館

公園綠地

宗教聖地

假日市集

藝術鑑賞

知名地標

FREE SPOT in TOKYO

088

免預約／
0.5小時／無導覽

Key Points

◉ 日本活歷史

◉ 道路元標

◉ 第九代橋樑

日本橋
江戶時代諸街道的起點

日 本橋是德川家康在慶長8年（1603）開立江戶幕府時所建，江戶時代日本橋即是諸街道的起點，現在仍然是東京主要國道的重要樞紐，相距不遠就是全日本的交通中心東京車站，日本橋可説是日本邁向現代化的重要起點。初代日本橋為木造，之後歷經了戰事與火災，現在看到的橋樑是建於1991年的第九代，是石造的雙拱橋樑，第一代木橋的原尺寸復原模型，則可以在兩國的江戶東京博物館看到。日本最早期的郵局事業和銀行系統也是發祥於此，甚至連日本最初的百貨公司三越本店也是發源在這裡，與後來興建的百貨重鎮高島屋隔橋相對。

Confirm in advance

日本橋浮世繪
浮世繪畫家歌川廣重的作品「東海道五拾三次・日本橋」，館藏於太田記念美術館。歌川廣重在這幅浮世繪裡真實地呈現了江戶時代日本橋的風貌，和行走於上挑著扁擔的販夫走卒們，可見日本橋的確為江戶時期來往頻繁的交通要道，擔任江戶城與鄉郊間重要物資的運輸樞紐。

日本橋
🚇地下鐵銀座線・東西線**日本橋駅B2出口**即達，**東京駅日本橋口**徒步10分
🏠東京都中央區日本橋
👁自由參觀
💰免費

位在日本橋中心的「道路元標」，説明這裡曾是東海道、甲州街道、奧州街道、日光街道、中山道起點的歷史。

免預約／
0.5小時／無導覽

忠犬八公
澀谷知名地標

Key Points
- ◎ 澀谷地標
- ◎ 忠犬精神不滅
- ◎ 約會見面點

要説狗狗是人類最好的朋友，小八絕對是代表。來到澀谷街頭，一定要來到地標景點八公像前走走看看。忠犬八公是澀谷更是東京最著名的狗銅像，據說原本小八是由一位東大教授所飼養的秋田犬，牠每天傍晚都會去車站迎接主人回家，甚至教授過世後仍然風雨無阻天天到車站前等主人，直到病亡。為了紀念小八的忠誠，人們特地在車站前立下這座雕像，現在也成為日本人在澀谷平常約會見面的地標。

Confirm in advance

八公周邊商品
◎ 澀谷Hikarie ShinQs B2的桂新堂以八公犬圖案設計的澀谷限定蝦仙貝。盒裝5片￥713。

經過八公像時，偶爾會見到可愛的小貓窩在八公腳下，其實這是住在埼玉的男性所飼養的貓咪，他一個月約會來4次，希望藉由可愛的貓讓大家得到撫慰。

忠犬ハチ公
- 🚃 JR渋谷駅ハチ公口即達
- 🏠 東京都澀谷區道玄坂1丁目
- 🕐 自由參觀
- 💰 免費

FREE SPOT in TOKYO

090

免預約／
0.5小時／無導覽

Key Points

◎ 聲光秀

◎ 獨角獸鋼彈

◎ 鋼彈迷聖地

獨角獸鋼彈立像

台場人氣最夯地標

東京台場DiverCity Tokyo購物中心，繼2012年開幕時在戶外Festival廣場立起初代鋼彈「RG 1/1 RX-78-2鋼彈Ver.GFT」引爆話題後，於2017年10月舉辦「實物大小獨角獸鋼彈立像特別開幕儀式」，1:1實物大小的獨角獸鋼彈立像正式亮相，藉由精彩的燈光特效展演，讓鋼彈迷們看得如痴如醉，再度掀起熱潮。不只戶外精彩，在7樓亦同步開設了東京鋼彈基地(THE GUNDAM BASE TOKYO)，不定期舉辦各種鋼彈主題特展，更展示鋼彈的歷史、改造的鋼彈概念模型、鋼彈模型製作流程等，現場也販售模型套組，號稱東京最齊全，讓鋼彈迷為之瘋狂。

Confirm in advance

活動時刻表
◎ 獨角獸鋼彈變身11:00、13:00、15:00、17:00上演
◎ 機動戰士鋼彈UC PERFECTIBILITY 21:00上演
◎ 機動戰士鋼彈 UC SPECIAL MOVIE "Cage" SawanoHiroyuki[nZk]:Tielle（3分35秒）20:00上演
◎ 飛翔吧！鋼彈2017（2分15秒）19:00、20:30上演

ユニコーンガンダム立像
🚃 りんかい線(臨海線)**東京テレポート駅**徒歩5分，ゆりかもめ(百合海鷗號)**台場駅**徒步5分
🏠 東京都江東區青海1-1-10 台場DiverCity Tokyo戶外Festival廣場
🕐 自由參觀，光影秀時段參考上述活動時刻表，7F東京鋼彈基地10:00~21:00
💰 免費
🌐 www.unicorn-gundam-statue.jp

見學體驗
風景展望
博物館
公園綠地
宗教聖地
假日市集
藝術鑑賞
知名地標

免預約／
0.5小時／無導覽

Key Points

◉ 尿尿小童

◉ 濱松町站3・4號月台南側

◉ 每月換一套衣服

小便小僧
in濱松町站

通勤路上的小驚喜

昭　和27年(1952)，日本鐵道開通80周年慶時，濱松町站長的牙醫友人小林光寄贈了一座尿尿小童，只不過當時是陶製品，且克難地展示在月台上。昭和30年(1955)因預計山手線與京濱東北線的分運而改建月台時，小林光再次捐贈了新的尿尿小童，也就是我們今天看到的這尊銅像。原本尿尿小童一直是裸著身體，某一個寒冷的冬天，有位女性將毛帽戴在尿尿小童頭上後，開始有人為它穿上衣服，漸漸口耳相傳，其百變造型也成為山手線上大家通勤、途中下車尋找的一抹風景。

Confirm in advance

百變造型

濱松町站務員田中榮子女士終其一生為小童共製作了200件以上的衣服。其死後一直到昭和61年(1986)時，東京消防廳為了宣導防火觀念，小童披上了消防員的制服之後，才重新由手工藝社團「紫陽花(アジサイ)」為小童製作服裝，造型會隨著節令、氣候改變，每個月都不一樣呢！

小便小僧

⊜JR浜松町駅山手線／京浜東北線月台(3、4號月台)南側

⌂東京都港區海岸

◔自由參觀

¥免費

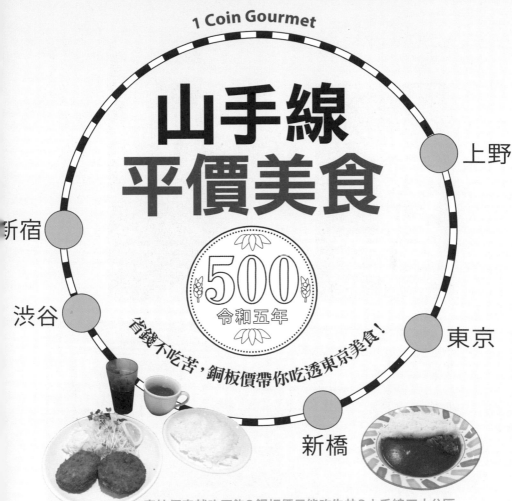

1 Coin Gourmet

山手線平價美食

上野

新宿

渋谷

東京

新橋

500
令和五年

省錢不吃苦，銅板價帶你吃透東京美食！

害怕便宜就吃不飽？銅板價只能吃牛丼？山手線五大分區銅板美食介紹，帶你吃炸豬排、咖哩飯、燒肉、日式定食、雞肉丼、拉麵、義大利麵……全都用一點零錢就能吃得飽！飽！飽！

【新宿】餃子專科Dining Lee／安樂亭燒肉／カレーハウス11イマサ
【涉谷】佐五右衛門／POTA PASTA／迴轉壽司活美登利
【新橋】わらじ家
【東京】珉珉／舍玲／トナリ／GYO BAR
【上野】肉の大山／カドクラ／クラウンエース／500 BAR

【BONUS1】各地都有的，連鎖平價丼飯
【BONUS2】想吃零食，就到便利商店

TIPS 許多店家的午餐時段都會提供特價套餐，想省錢又吃得飽，就要鎖定午餐時段！

特價時間 11:00～15:00

餃子專科Dining Lee／石燒拌飯￥773

📍新宿駅東口徒步4分 🏠新宿區新宿3-21-2 2F ☎03-3350-2228 🕐11:00~15:00，17:00~23:30 🚫年末年始 🌐dining-LEE.com

由中國人開設的餃子專賣店，晚上以中華居酒屋的形式營業，每天午餐時段，則以500円起的價格提供多種定食，像是最多人點的石燒拌飯、麻婆豆腐丼、炒飯定食、炸雞定食等，約8種品項可以選擇，且份量極大，可說是誠意十足。

新宿駅

新宿一帶餐廳十分多，從庶民居酒屋到高樓美景西餐廳，應有盡有。除了各大百貨商城裡的餐廳之外，想要找平價的料理，就要來到東口的歌舞伎町。由於觀光客多，這裡的餐廳並不以上班族為主要客群，許多店的特價午餐時段長，連假日也都有！不怕找不到想吃的餐廳。

特價時間 11:00～17:00

安樂亭歌舞伎町店／燒肉午餐定食￥630

📍新宿駅東口徒步2分 🏠新宿區歌舞伎町1-23-14 2F ☎03-3204-9287 🕐11:00~23:20，週五、六、假日前夕11:00~翌4:20 🌐www.anrakutei.co.jp

以為在東京吃燒肉，一定得花大錢？不分平日假日，在白天時段來到安樂亭，就能用一枚銅板吃到一份燒肉定食，有梅花豬、豬頸肉兩種選擇。安樂亭是日本各地都有的連鎖燒肉店，特價餐的肉品質一般般，但一枚銅板便能吃烤肉實在太令人感激了！

特價時間 7:00～10:30

カレーハウス11イマサ／雞肉咖哩￥500

📍新宿駅西口徒步2分 🏠新宿區西新宿1京王モールB 🔗 ☎03-3348-3011 🕐7:00~23:00，週六7:00~22:30，週日假日7:00~22:00 🌐www.imasa.co.jp

位在西新宿京王電鐵旁的商店街裡，創業於1964年的小小咖哩店，深受通勤族喜愛，全店是櫃台座席，咖哩的價格從早餐時段450円至980円不等，端視配料的豪華程度。想吃便宜的咖哩，可在早上7點到10點半間來到，原價500円的咖哩會特價450円，更便宜。

肉の大山上野店／
炸物定食￥780

🚶上野駅徒步3分 🏠台東區上野6-13-2 ☎03-3831-9007 🕐11:00~23:00，週日例假日11:00~22:00 ❌1/1 🌐www.ohyama.com

肉店直營的炸肉店，平日中午推出日替套餐，大量的炸物配上白飯，給人滿滿活力。店內用餐都會附上飲料吧喝到飽，超值划算。日替午餐十分熱門，大約12點左右便會售完，而每個月29日大山牛排150g、大山漢堡排與大山咖哩都會特價成290円，更是人滿為患，要抽號碼牌。

カドクラ／
特製牛五花燒肉丼￥500

🚶上野駅徒步2分 🏠台東區上野6-13-1 ☎050-5492-9299 🕐平日11:00~22:00，週五、六、假日前11:00~23:00 🌐https://g191301.gorp.jp/

想以便宜的價格吃午餐，上野的立吞居酒屋也許是你的好選擇！除了有至下午3點前的銅板價日替定食之外，不能錯過的還有主廚特製的丼飯，洋蔥與牛五花肉醬香十足，配上溫泉蛋中和鹹味，更加甘醇。另外還有牛筋丼、牛腸丼等也都只要400円便能品嚐，十分推薦來此體驗阿美橫丁的立吞文化。

500 BAR／
番茄海鮮披薩￥550

🚶上野駅徒步2分 🏠台東區上野4-9-15 B1 ☎03-5826-4817 🕐17:00~翌2:00，週末例假日12:00~翌2:00 ⓘ基本消費要一杯飲料，且會收桌枱費

只營業晚餐至宵夜時段的500 BAR，每逢假日提前至中午開始營業，專賣500円起的窯烤披薩與義式下酒小菜。皮薄餡多的披薩滋味美妙，每個足足有25公分大，且口味多樣，約有20種選擇。週日中午時段還有500円生火腿吃到飽活動，愛喝酒的別錯過。

上野駅

最能代表東京庶民的街道，就是上野東側的阿美橫丁了！街道充滿活力四射的各種店家，共同特色就是「便宜！」這裡的居酒屋可是從中午便開店，吸引許多人們從中午就開喝！想吃平價午餐，不妨找間立食居酒屋，平價料理與庶民美味，體會與夜晚不同的居酒屋文化。

上野

東京

新橋

全日
特價時間

全日
特價時間

カレー專門店クラウンエース
／豬排咖哩￥620

🚶上野駅徒步2分 🏠台東區上野6-12-11 ☎03-3831-6721 🕐11:00~14:00，16:00~19:00 ❌週三

只要銅板價，就能吃到炸豬排咖哩，而且是貨真價實的一塊炸豬排，實在是太划算了。深受上野當地人喜愛的克勞恩愛司，以偏酸、口感較溫和的咖哩著名，基本的咖哩飯只要450円便能填飽肚子，加了豬排、炸雞或漢堡排，也都只要銅板價，很划算。

全日
特價時間

佐五右衛門／
炭火燒鳥丼 ¥500

🚶渋谷駅徒歩3分 🏠渋谷區道玄坂
2-29-8 4F ☎03-6455-0900 🕐
11:30~14:30，17:30~23:30；週
末例假日17:00~23:00 🌐https://goodspiral.
jp/restaurant/sagoemon/ 🚫年末年始

晚上為燒鳥居酒屋的佐五右衛門，在平日午
餐時段推出商業特餐，從最便宜只要500円的
雞肉丼，到炸雞、燒肉，還有只要千円的牛排丼
等種類豐富，尤其是超大份量，白飯與豚汁還能無
限續碗，讓人只花少少錢便能吃得大大滿足！中午
時人潮眾多，最好早點前往。

平日11:30
特 價 〜 時 間
14:00

POTA PASTA／
橄欖油香蒜麵 ¥690

🚶渋谷駅徒歩3分 🏠渋谷區道玄坂
2-6-7 2F~3F ☎03-6416-3477 🕐
11:00~22:00

POTA PASTA以平價美味出名，全
部約有22種口味的義大利麵可
以選擇，入店前先在機器購買食
券，而麵條全都是自家製的生
麵，喜歡嚼勁的可以選擇粗麵，喜
歡麵體沾滿醬汁的可以選擇細麵，
兩種麵都充滿麥香，十分美味。

全日
特 價 時 間

迴轉壽司活美登利／
鮪魚肚握壽司 ¥380

🚶渋谷駅徒歩3分 🏠渋谷區宇田川町21-1 A館8F ☎03-
5728-4282 🕐11:00~22:00(L.O.21:00) 🌐https://
katumidori.co.jp/

和廣為人知的「美登利壽司」一樣，店名都有「美
登利」，但其實是不同家公司經營。「活美登利」主
打的是以迴轉壽司的方式平價供應給廣大消費大
眾各種新鮮高級美味食材，目前在首都圈有十家店
面。如果想追求更高品質的壽司，品嚐當月當季最
好吃最鮮甜的生魚，同時適度控制預算的話，活美
登利絕對是你的最佳選擇。

平日11:00
特 價 〜 時 間
22:00

渋谷駅

多線交會的澀谷有
著東京最繁忙的街頭
景色，年輕族群齊聚，與
附近的原宿一帶成為流
行發祥地。而澀谷更是東
京美食集散地，午間時段
來到這裡絕對不用怕吃
不到實惠的餐廳，除了全
天候都便宜的小店，也
有不少提供限量午餐的
餐廳，物美價廉，絕對
讓人大大滿足。

新宿

渋谷

11:00
特 價 〜 時 間
15:00

わらじ家／
鯖魚味噌定食 ¥650

🚶新橋駅徒歩3分 🏠中央區銀座8-7銀座ナイ
ン2館 B1 ☎03-3572-5368 🕐11:00~20:00
🚫週日、例假日

由老爺爺與老奶奶經營的小食堂，窄窄的
空間不到10個座位，每到用餐時間總是
大排長龍，便是為了一嚐這美味的家庭滋
味。以魚肉為中心的午餐定食，有只要銅
板價的味噌煮鯖魚、烤鯖魚、烤秋刀魚，還
有再貴一點的鮭魚、竹筴魚等，附上味噌
湯與漬菜，白飯也能續碗，健康美味又吃
得飽。

特價時間

珉珉八重洲店／
小珉珉套餐 ￥590

🚃東京駅八重洲南口徒步3分 🏢千代田區
丸の内1-9-2 B1 ☎03-3215-3030 ⏰11:00~23:00，週
六11:30~22:30，週日、假日11:30~22:00 🚫1/1 💳
www.minminhonten.com

發源自大阪的珉珉，以皮薄油香、入口即化的煎餃
聞名，在東京車站的八重洲地下街口也開設了分店，店
內大人氣的餃子，搭配白飯與蛋花湯的小珉珉套餐只
要2枚銅板便能吃得飽飽的。如果覺得不夠，也可以搭
配麻婆豆腐、炒飯等中華料理，也不用花太多錢便能飽
餐一頓。

舍鈴丸の内店／
中華拉麵 並盛 ￥690

🚃大手町駅、東京駅丸の内北口徒步約3分 🏢千代田區
丸の内1-4-1 B1 ☎03-6269-9567 ⏰11:00~22:00，週六
11:00~15:00 💳www.tsukemen-
sharin.com

由六厘舍開設的姐妹店，舍鈴專
賣沾麵、中華拉麵與油麵三種，
基本款的並盛份量雖不大，但對
一般女性已經足夠，只要銅板價便
能品嚐到六厘舍的經典好滋味，
總是引來饕客大排長龍。怕吃
不夠的人可以加麵加料，滿滿
一大碗價格落在800~900円
左右，不算太貴。

東京駅

新橋駅

東京車站與新橋位在都心
交通樞紐地，四周辦公大樓
林立，每到中午用餐時間，
大批上班族傾巢而出，讓許
多居酒屋、酒吧特地在中午
時段賣起特價午餐，搶攻商
機。由於愈來愈多人注重健
康，營養均衡的定食也是
很受歡迎的一品，每天
變換菜色，天天吃都
不會膩。

上野

東京

全
日 特價時間

新橋

11:00
〜
13:30

特價時間

GYO BAR／
蕃茄燉雞肉飯 ￥500

🚃東京駅八重洲口徒步約3分 🏢中央區八重
洲1-5-10 ☎03-3278-7550 ⏰11:00~13:30，
17:00~23:30 🚫週末、例假日 💳www.
gyobar.net

夜晚時段是間立食酒吧的GYO BAR，午間
提供簡單的飯類料理，像是咖哩飯、燉雞
肉飯、油漬鮪魚丼、燒肉丼等，滋味十分
濃厚，很容易便能吃下大量白飯，飽一整
天。每天有4道可以選擇，並不定時更換
菜單，讓常來吃的人也不會膩。

全
日 特價時間

タンメン トナリ 丸の内／
擔擔麵 ￥840

🚃東京駅徒步約3分 🏢千代田區丸之內2-7-3 TOKIA
B1 ☎03-3240-6066 ⏰10:30~21:45 💳https://
www.tanmen-tonari.com/

到「TONARI」必點的即是各種麵食，其中招牌擔擔
麵上頭滿滿覆蓋10種以上的大量蔬菜，多達350公
克的炒時蔬為口味濃郁的湯頭增添豐富口感與香
氣，覺得光吃麵不過癮的話也可以點份鍋貼或炸
雞套餐，保證吃到無比滿足。

平價丼飯

飢腸轆轆時的省錢好伙伴

すき家／
牛丼 並盛 ¥400

www.sukiya.jp

すき家的料理主打牛丼，使用特選牛肉加以烹調，保留了牛肉的原味，再淋上大量香甜醬汁，與熱熱的飯大口吃下十分滿足。除了一般口味的牛丼外，也可以嚐試加了泡菜、青蔥等其它多種口味的變化版牛丼，或是自己選擇想加的配料，製作一份自己的專屬牛丼。

なか卯／
和風牛丼 並盛 ¥530

www.nakau.co.jp

なか卯由食材本身的甜味做為基底，加上店家刻意減低濃度的醬汁一同熬煮，就成了甘口的和風牛丼。澆上醬汁的米飯吃來清爽不膩，配上切成薄片的牛肉，香嫩入口即化。除了丼飯之外，烏龍麵也是店家主打的商品之一，推薦品嚐放了很多牛丼肉的牛すきやきうどん，一次品嚐烏龍麵與牛丼肉的美味。

天屋／
天丼 ¥720

www.tenya.co.jp

天屋是專賣炸蝦蓋飯的連鎖店家。一般人對日式炸蝦蓋飯都會有高單價的印象，但天屋打破這一觀念，以大量進貨壓低成本，提供新鮮美味卻十分便宜的丼飯給顧客享用。天丼單點有附味噌湯，晶亮的白米飯淋上特調醬汁，放上炸好的大蝦、花枝、干貝、蓮藕片、菜豆等，配料十分豐富。

平價丼飯有好幾個共同特性，幾乎每一家都很便宜、很大碗、營業時間長、吃完便離開、很適合一個人去吃。在高消費的日本，這樣的平價丼飯也十分體貼旅人的荷包，不妨就進入隨處可見的丼飯店，大口扒飯飽餐一頓吧！

吉野家／
牛丼 並盛 ¥468

www.yoshinoya.com

不用買餐券，坐定位後店員會來為你點餐，日本的最大連鎖牛丼店鋪吉野家，隨處可見，而其最經典的一道料理，便是牛丼了。吉野家牛丼裡的洋蔥還保有口感，且選用的牛肉肥瘦適中，經過特調醬汁燉煮後仍然保有油脂與口感，配上堅持使用的國產米，所有的美味都濃縮在這一碗看似平凡卻美味的牛丼中。

松屋／
牛めし 並盛 ¥400

www.matsuyafoods.co.jp

松屋可以說是平價丼飯的人氣店。不但店鋪多，其牛丼的口味也是最被台灣人接受的平價丼飯之一。松屋直接公開原料，說明其商品不加人工甘味料、化學調味料等，讓食物不只美味，吃來更是安心。滷透的牛肉淋上清爽醬汁，與白飯拌在一起送入口中，吃起來美味且無負擔。

TIPS 購買食券

不只是丼飯店，愈來愈多店家都是採取「食券制度」，省去點錯餐找錯錢的麻煩，這對語言不通的旅人來說，其實也是挺方便的。
Step1.決定要吃哪一道，通常販券機上都有圖示
Step2.放入紙鈔或投入零錢
Step3.按下想吃的那道。若還要再點，就繼續按
Step4.點餐完畢，取出食券並按下找錢鈕，取出零錢
Step5.就坐，將餐券交給店員，準備享用餐點

BONUS 2

便利商店必買
隨處可見的店鋪與經典商品

豐富的商品從零食甜點、泡麵便當、飲料酒類,每個都看起來美味到不行,更邪惡的是,超愛來「限定」這一套,除了全年販售的口味外,還會隨季節變換與活動促銷推出期間限定口味,衝著這兩個字,說甚麼也要買來嘗嘗鮮。

たけのこの里

由知名的菓子公司——明治所製造的巧克力點心,外型是小巧可愛的竹筍造型,裡層為錐形餅乾、外層則裹上薄薄的牛奶與苦味巧克力,喜歡餅乾勝過巧克力的話,那比起香菇造型,竹筍造型的可能更合你的胃口。

きのこの山

同樣是明治製作的香菇造型巧克力餅乾,誕生於1975年,販售了4年後才推出竹筍造型巧克力。其短小的蘇打餅乾上頂著一大塊巧克力菌傘,同樣是以牛奶巧克力結合苦味巧克力,喜歡吃巧克力的人可以選擇這款。

KOSE雪肌粹

日本7-11限定的雪肌粹是KOSE推出的系列商品,包含洗面乳、BB霜與保溼乳液、美白化妝水等,感覺像平價版的雪肌精,是許多人到日本一定會掃貨的商品。

日清杯麵

從1971年販售至今的日清杯麵可說是日本泡麵界的翹楚,在國內累積銷售超過500億碗,暢銷的拉麵分為原味、咖哩、海鮮、辣椒番茄等眾多口味,打開杯蓋,裏頭的麵條、湯粉、材料都沒有另外包裝,直接倒熱水沖泡就可以享用。

fettuccine gummi

美味的軟糖有葡萄、水蜜桃、葡萄柚、可樂等多種口味,除了直接吃,也可以嘗試加進紅茶或是冰凍後品嘗,又是不同的風味。

じゃがりこ

香脆的薯條餅乾じゃがりこ是嘴饞良伴,有蔬菜沙拉、馬鈴薯奶油口味,也有濃郁的起司與鱈魚卵起司口味,一年間也會推出多款期間限定口味。

ガリガリ君

日本超人氣冰品之一出自赤城乳業，包裝上的ガリガリ君就是它的正字招牌，最經典的就是看起來相當清涼的藍色包裝蘇打口味。幸運的話還可以吃到冰棒棍上印有「1本当り」的中獎冰棒，可以免費兌換一支。

大滿足果凍

就像其包裝上的「大滿足」所示，這個果凍就是要給你大份量、大果粒，300g的果凍個頭就是比別人大，裏頭也可嘗到新鮮果肉，甜度與酸度在口中交融，再加上水果的香氣，讓人吃完了還意猶未盡。

爽冰

LOTTE製造的爽冰，説是口味清爽還是吃過後心情舒爽都可以，在綿密的冰淇淋中可嘗到些微細冰，增加口感的豐富性，平時有香草、宇治抹茶等，不定期還會有冷凍橘子、漂浮可樂等口味。

全家炸雞

全家推出的炸雞多汁美味，除了有雞排、雞塊外，偶爾也會有期間限定口味，如酸奶油洋蔥、脆皮炸雞等，調味過的炸雞讓香氣更上一層，口感也相當鮮嫩。

アイスの実

固力果推出的アイスの実，將冰品製作成一顆顆小巧圓球狀，隨四季會變換為葡萄、水蜜桃、奇異果等水果口味，水果本身的酸甜隨著冰融在口中，甚是清涼消暑。

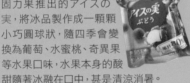

からあげクン

LAWSON推出的炸雞有著可愛的小雞包裝，包含紅色的辣味、亮黃色的原味與鵝黃色的起司口味，一口一塊的方便尺寸，正適合回飯店邊吃邊下酒再邊看電視。

三大連鎖超商介紹

7-ELEVEN

從美國發祥的便利商店，在日本有約22,000間分店，不但在日本是便利商店龍頭，在全世界也是最大的連鎖便利商店集團。時不時也會推出期間限定與地區限定商品，如果剛好到日本旅遊不妨買來試試。

www.sej.co.jp

FamilyMart

在台灣也看得到的FamilyMart(全家便利商店)，是日本連鎖便利商店集團，在日本全都道府縣都設有店鋪，店鋪數為日本第2多，在海外多國也設有連鎖店。説到日本的FamilyMart，其販售的炸雞絕對是宵夜良伴。

www.family.co.jp

LAWSON

在日本的店鋪數量僅次於7-ELEVEN與FamilyMart，為日本第三多。店內設置的Loppi可購買包含車票在內的各式票券，也可以繳費、購買彩券等，功能十分齊全。若來到LAWSON，就一定要嘗嘗看其自家推出的點心，其中尤以蛋糕捲最受好評，銷售成績之好連電視節目也曾專訪介紹。

www.lawson.co.jp

機場前往東京市區

從機場要進入市區，可以有不同的交通方式選擇，先看看下表，尋找最適合你的交通方式吧。

交通選擇指標

	利木津巴士	AIRPORT BUS TYO-NRT	地鐵普通車	直達列車	計程車
行李又多又重	○	△	△	△	○
只要便宜就好	△	○	○	△	✕
只要輕鬆就好	○	△	✕	△	○
沒時間，要快點	✕	✕	✕	○	△

○=適合　△=還可以　✕=不適合

成田機場↔東京市區

　　成田機場距離東京市區有一定距離，但交通設施十分完備，路線也標示得很清楚，可分為鐵道（JR、京成電鐵）及巴士（利木津巴士、AIRPORT BUS TYO-NRT）兩大類，不論哪一航廈，入境後就能清楚看到分別的購票窗口。

◎**JR成田特快列車N'EX**：成田機場→新宿約1小時，￥3250。

網址：www.jreast.co.jp/tc/nex/

◎**京成電鐵SKY LINER**：成田機場→上野約55分，￥2570。

網址：www.keisei.co.jp/keisei/tetudou/skyliner/tc/

◎**利木津巴士**：前往市區約80~130分不等，￥3200。

網址：www.limousinebus.co.jp/ch2

◎**AIRPORT BUS TYO-NRT**：成田機場→東京駅約65分，￥1300(深夜時段￥2600)。

網址：https://tyo-nrt.com/

羽田機場↔東京市區

　　羽田機場位於東京市內，距離JR山手線上的濱松町站僅20分。羽田國際線航廈不但相當好逛，交通動線也很單純，入境後循指標就能抵達乘車和購票處。由羽田進市區有東京單軌電車、京急電鐵與利木津巴士可供選擇。

◎**東京單軌電車**：約每4~11分一班車，羽田機場→濱松町約15分，￥500。

網址：www.tokyo-monorail.co.jp/tc/

◎**京急電鐵**：與地下鐵淺草線直通，羽田機場→品川約15分，￥300。

網址：www.haneda-tokyo-access.com/tc

◎**利木津巴士**：前往市區約30~80分不等，至東京站￥900，至新宿池袋￥1300。

網址：www.limousinebus.co.jp/ch2

東京地區共通票券

除了單次買票，東京地區複雜的交通，也衍生出結合不同交通系統的各式票券，方便旅客們配合行程使用。在此推薦3張範圍較大的票券比較參考，各家私鐵也都有推出自己的一日券，可多比較。

東京地鐵通票
Tokyo Subway Ticket

◎使用範圍
依票券不同，可在使用後的24/48/72小時內任意乘坐東京Metro及都營地下鐵全線。

◎價格
24小時券￥800，48小時券￥1200，72小時券￥1500。兒童半價。

◎購買
・成田機場第一航廈及第二航廈1F的京成巴士售票櫃台
・羽田機場國際線入境大廳2F觀光資訊中心
・東京Metro旅客服務中心：上野駅、銀座駅、新宿駅、表參道駅
・其它地點詳見官網

◎優點
價錢十分划算。拿24小時券與「東京Metro 都營地下鐵共通一日券」(大人￥900)比較，前者採小時計算更實際，票價￥800也較便宜，若購買72小時券，更相當於一天只要￥500就可搭遍東京地下鐵系統。

◎缺點
不能搭乘JR路線

東京都市地區通票
都区内パス

◎使用範圍
購票當日可無限次自由搭乘東京都心範圍JR線的普通和快速列車自由席。

◎價格
一日券大人￥760，兒童￥380。

◎購買

可於通票使用範圍內（東京23區內）的JR東日本主要車站內的指定席券販賣機、自動售票機、JR EAST Travel Service Center購買。

◎優點
票價優惠。JR單程車資至少￥150，只要1天搭個5、6次，此票券就已回本

◎缺點
旅人常去的吉卜力美術館、迪士尼樂園、吉祥寺等景點在使用範圍之外。

東京自由通票
東京フリーきっぷ

◎使用範圍
又稱「東京環遊車票」或「東京旅遊車票」，可在1日內自由搭乘JR線東京都內區間的普通車（包含快速列車）、東京Metro地鐵全線、都營地鐵全線、都電荒川線、包含多摩地方在內的都營巴士全線（深夜巴士、定員制巴士除外），以及日暮里・舍人線全區間。

◎價格
一日券大人￥1600，兒童(6~11歲)￥800。

◎購買
各交通系統和JR EAST Travel Service Center均有售，各站窗口也販賣前售票。前售票需在購買日起的一個月內使用完畢。

◎優點
適用範圍廣泛，適合一天內會頻繁使用各交通系統，或是搭乘距離較遠的人。

◎缺點
售價較高，東京都內轉車一日很少會超過￥1600，最好事先預估是否划算。

東京免費巴士

東京都內有不少地方為提供接駁任務，進而由企業贊助營運免費巴士。行前不妨先確認這些有免費巴士運行的地方是不是正在你的旅遊計劃之中吧！

丸之內SHUTTLE

網址：www.hinomaru-bus.co.jp/free-shuttle/marunouchi/

連結東京車站丸之內一側的巡迴巴士丸之內SHUTTLE，途經新丸大樓、讀賣新聞、日比谷、有樂町等地，繞一圈約40分鐘。平日通勤時間8:00~10:00則運行大手町路線供上班族利用，繞行路徑較小，停靠站從三井住友銀行站接到新丸大樓站。

◎時間

平日8:00~20:00，約12~18分一班車，8:00~10:00運行大手町路線

週末例假日10:00~20:00，約12~18分一班車

Metro Link日本橋

網址：www.hinomaru-bus.co.jp/free-shuttle/nihonbashi/

東京駅八重洲一側，連結京橋、日本橋的巡迴巴士，沿路經過的盡是充滿江戶文化的日本老舖，是逛街購物的好幫手。車身還以「江戶名所図屏風」為主題設計，很有歷史氣氛。

◎時間

每天10:00~20:00，約10分一班車

Metro Link日本橋 E LINE

網址：www.hinomaru-bus.co.jp/free-shuttle/nihonbashi_E/

不同於原有的Metro Link日本橋，E LINE則是連結東京駅八重洲至濱町、人形町、茅場町一帶，帶領遊客更深入江戶的老文化。車體則是日本傳統色的山吹色，E LINE的E除了代表EDO(江戶)，還包含Eco·East·Eat·Enjoy的意思。

◎時間

平日8:00~18:00，約20分一班車

週末例假日10:00~20:00，約20分一班車

免費巡迴巴士APP

網址：www.hinomaru-bus.co.jp/free-shuttle/app/

提供以上三種免費巡迴巴士即時資訊的APP，可以在APP上看到距離自己最近的站牌，以及接下來2台公車的抵達時間，點擊公車圖示還能看到巴士的車牌號碼與擁擠程度，除了日文外還有中、英、韓文介面可供切換。

免費公眾 WIFI

在旅程中, 使用Google Map、交通APP、美食APP、社群網路, 臨時查詢店家資訊時都需要網路連線, 精打細算的旅人們, 不妨就來活用東京大都會裡的免費公眾WIFI吧！

名稱	熱點	使用方法	網址
Starbucks Wi2	全日本的星巴克	免費申請帳號密碼, 不限時數使用	starbucks.wi2.co.jp/
7 SPOT	全日本的7-11店舖、SOGO、西武百貨等	免費申請帳號密碼, 一日可連三次, 每次60分鐘	webapp.7spot.jp/
Famima wi-fi	全日本的全家便利商店可使用	免費申請帳號密碼, 一日可連三次, 每次20分鐘	www.family.co.jp/services/famimawi-fi/
LAWSON Wi-Fi	全日本的LAWSON便利商店可使用	免費。需先申請Ponta會員(在LAWSON便利商店可申請)再下載相關APP即可使用	www.lawson.co.jp/ponta/static/wifi/
FREESPOT	約9千處	免費。有的飯店提供的FREESPOT為住宿旅客專用	www.freespot.com/
NTT FREE Wi-Fi Japan	東京、東北、北海道等地上萬個熱點	持國外護照, 就可以在NTT據點索取免費Wifi網卡, 或是下載「NAVITIME for Japan Travel」APP註冊後可免費使用14天	flets.com/freewifi/tw/
Japan Connectd-free Wi-Fi	機場、鐵路、便利商店、星巴客等免費Wifi服務都能連上。	此APP提供中、英、日、韓四種版本, 只要出國前先下載好並註冊, 抵日後就能利用它搜尋所在地附近的Wifi熱點i。	www.ntt-bp.net/jcfw/tw.html
TRAVEL JAPAN Wi-Fi APP	全日本有超過20萬個免費熱點, 機場、咖啡、唐吉軻德、松本清等店家都可連上網	此APP不需登入, 就會自動連結到服務的WIFI熱點, APP內還會有折價券、優惠訊息等, 頗為實用。	japanfreewifi.com/zh-hant/
FREE Wi-Fi PASSPORT	日本全國約有40萬個熱點, 在速食店、咖啡廳、各大車站、飯店等皆可使用。	在日本手動將電信公司切換到SoftBank, 撥打*8181 (中文語音)即可獲得一組密碼免費使用14天。	www.softbank.jp/en/mobile/special/freewifi/zh-tw/

Wifi分享機

害怕出國後連不上當地的免費WIFI, 在台灣租借Wifi分享機應該可算是在日本最方便的上網方式。由於一台分享機可同時讓10台行動裝置上網, 因此一群朋友共同分享十分划算。日本4G上網速度快, 在城市中一般通訊都不會太差, 而隨著機種更新, 現在更有電力持久, 且可當隨身電源、在飯店將有線網路轉為無線使用的功能的機器, 但要注意上網總流量會有限制。

Wi-Ho!全世界行動分享器

網址：www.telecomsquare.com.tw　　電話：02-2545-7777 (特樂通公司)

日本機型最齊全, 涵蓋範圍&收訊最優, 最多可同時14人分享上網。桃園機場皆可取機&還機。

國家圖書館出版品預行編目資料

東京聰明玩法0元攻略：和船體驗・皇居聖地・絕景
展望臺，90+小資&超值選點全指南，讓你玩東京不花
錢/墨刻編輯部作. -- 初版. -- 臺北市：墨刻出版股份有
限公司出版：英屬蓋曼群島商家庭傳媒股份有限公司
城邦分公司發行, 2024.01
176面；14.8×21公分. 公分
ISBN 978-986-289-966-3(平裝)
1.CST: 旅遊 2.CST: 日本東京都
731.72609   112019831

THEME 56

東京聰明玩法0元攻略

和船體驗 ・ 皇居聖地 ・ 絕景展望臺
90+ 小資 & 超值選點全指南，讓你玩東京不花錢

出版公司
墨刻出版股份有限公司
地址：台北市104民生東路二段141號9樓
電話：886-2-2500-7008
傳真：886-2-2500-7796
E-mail：mook_service@cph.com.tw
讀者服務：readerservice@cph.com.tw
墨刻官網：www.mook.com.tw

發行公司
英屬蓋曼群島商家庭傳媒股份有限公司城邦分公司
地址：台北市104民生東路二段141號2樓
電話：886-2-2500-7718　886-2-2500-7719
傳真：886-2-2500-1990　886-2-2500-1991
城邦讀書花園：www.cite.com.tw
劃撥：19863813
戶名：書虫股份有限公司

城邦(香港)出版集團有限公司
地址：香港九龍九龍城土瓜灣道86號順聯工業大廈6樓A室
電話：852-2508-6231
傳真：852-2578-9337

馬新發行所
城邦(馬新)出版集團 Cite (M) Sdn Bhd
地址：41, Jalan Radin Anum, Bandar Baru Sri Petaling,
57000 Kuala Lumpur, Malaysia.
電話：(603)90563833
傳真：(603)90576622
E-mail：services@cite.my

製版・印刷
凱林彩印股份有限公司

經銷商
聯合發行股份有限公司（電話：886-2-29178022）
誠品股份有限公司
金世盟實業股份有限公司

城邦書號
KX0056

定價
360元

ISBN
978-986-289-966-3

EPUB
978-986-289-965-6
2024年1月初版

作者
墨刻編輯部

攝影
墨刻攝影組

主編
陳楷琪・曾浩哲

美術設計
羅婕云・李英娟

首席執行長　Chief Executive Officer
何飛鵬
生活旅遊事業總經理暨墨刻出版社長
PCH Group President & Mook Managing Director
李淑霞
總編輯
汪雨菁
行銷企畫經理　Marketing Manager
呂妙君
行銷企畫專員　Marketing Specialist
許立心

墨刻整合傳媒廣告團隊

提供全方位廣告、數位、影音、代編、出版、行銷等服務
為您創造最佳效益
歡迎與我們聯繫：mook_service@mook.com.tw

東京聰明玩法
無料
￥0元攻略

室內古董市集 ￥0
#平和島古民具古董祭

百年鐵道古蹟 ￥0
mAAch ecute 神田萬世橋

接觸小動物 ￥0
#江戶川區自然動物園

坐手搖船 ￥0
#橫十間川親水公園

新宿夜景 ￥0
#都庁展望台

現代藝術鑑賞 ￥0
#3331 Arts Chiyoda

千冊繪本隨便翻 ￥0
#星森繪本之家

橫渡彩虹大橋 ￥0
#彩虹大橋

秋日銀杏並木 ￥0
#明治神宮外苑

00360
墨刻官網 www.mook.com

城邦書號：KX0056
定價：NT$360．HK$12

cite 城邦

9 789862 899663